中原名师出版工程
ZHONGYUAN MINGSHI CHUBAN GONGCHENG
教育思想与实践系列

教学主张：
教师专业发展的新向度

宋　君　等著

中原出版传媒集团
中原传媒股份公司

大象出版社
·郑州·

图书在版编目（CIP）数据

教学主张：教师专业发展的新向度／宋君等著. —
郑州：大象出版社，2023.10
ISBN 978-7-5711-1793-1

Ⅰ.①教… Ⅱ.①宋… Ⅲ.①小学数学课-教学研究
-小学教师-师资培养 Ⅳ.①G623.502

中国国家版本馆CIP数据核字（2023）第056909号

## 教学主张：教师专业发展的新向度
JIAOXUE ZHUZHANG：JIAOSHI ZHUANYE FAZHAN DE XIN XIANGDU
宋　君　等著

| 出 版 人 | 汪林中 |
| --- | --- |
| 责任编辑 | 陈　洁　　刘丹博　　王　策 |
| 责任校对 | 陶媛媛　　张迎娟 |
| 特邀设计 | 刘　民 |
| 美术编辑 | 杜晓燕 |

| 出版发行 | 大象出版社（郑州市郑东新区祥盛街27号　邮政编码450016） |
| --- | --- |
|  | 发行科　0371-63863551　　总编室　0371-65597936 |
| 网　　址 | www.daxiang.cn |
| 印　　刷 | 郑州市毛庄印刷有限公司 |
| 经　　销 | 各地新华书店经销 |
| 开　　本 | 720 mm×1020 mm　1/16 |
| 印　　张 | 16.5 |
| 字　　数 | 262千字 |
| 版　　次 | 2023年10月第1版　2023年10月第1次印刷 |
| 定　　价 | 49.00元 |

若发现印、装质量问题，影响阅读，请与承印厂联系调换。
印厂地址　郑州市惠济区新城办事处毛庄村南
邮政编码　450044　　　　电话　0371-63784396

## "中原名师出版工程"编委会

总策划　丁武营
主　编　戢　明
副主编　吴玉华　杨进伟

## 本书作者

宋　君　谢蕾蕾　穆桂鹤
吴艳庆　黄春丽　刘英杰

# 总序

对于一个优秀教师来说，将自己对教育教学的思考在写作中表达出来，是非常自然的一件事。正如玛格丽特·杜拉斯在《写作》中说的："写作像风一样吹过来，赤裸裸的，它是墨水，是笔头的东西，它和生活中的其他东西不一样，仅此而已，除了生活以外。"杜拉斯把自己的写作区别于日常生活中具体的事物，将其看作生活本身。我十分认同这样的说法。从许多优秀教师的成长经历来看，教育写作就是教育生活本身。当我们学会了把教育生活中的各种场景纳入自己的视野，融入自己的思考，通过写作诚实地记录下来，我们就找到了一条属于自己的专业发展之路。

正是看到了教育写作在教师专业发展中的重要意义，河南省教育厅与中原名师培育工程项目办公室启动了"中原名师教育写作出版计划"。河南是我国的教育大省，有一大批非常优秀的教师逐渐崭露头角，而"中原名师"是其中的佼佼者，他们在各自的学校和不同的教育教学领域取得了一定的成绩，及时总结、提炼、展示、推广他们的研究成果非常必要。我和张文质老师被聘请为"中原名师教育写作出版计划"的首席写作导师，肩负指导"中原名师"写作、出版教育教学专著的重任。这可能也是目前国内唯一旨在帮助优秀教师实现教育教学专著出版的省级培训项目，开辟了教师培训内容与形式的崭新领域，具有开创性意义。经过近两年的艰苦努力，目前这项计划终于迎来了阶段性成果：一批"中原名师"的教育教学专著即将正式出版。从书稿情况来看，选题、内容可谓多样：既有学科教学方面的，也有班级管理方面的；既有比较严谨的学术论著，也有可读性较强的教育教学随笔；既有义务教育阶段的，也有幼儿、高中阶段的。

捧读这些沉甸甸的书稿，我心中充满感慨。

我想到了每一位作者的面庞，看到了那些闪亮的眼神。大家都非常清楚，对于一个渴望成长、追求专业发展的教师来说，教育写作是自我提高的一条基本路径。教育写作能清晰地记录一个教师专业成长的轨迹。教师可以在写作的过程中不断审视、反思自我，不断积累、总结，无论是初尝成功的经验，还是尝试摸索中的所谓教训，都是十分宝贵的财富。苏霍姆林斯基曾鼓励教师每天都写教育日记（也就是我们常说的"教育叙事"），认为这样的写作具有重大价值："凡是引起你的注意的，甚至引起你一些模糊的猜想的每一个事实，你都把它记入记事簿里。积累事实，善于从具体事物中看出共性的东西——这是一种智力基础，有了这个基础，就必然会有那么一个时刻，你会顿然醒悟，那长久躲闪着你的真理的实质，会突然在你面前打开。"这些"中原名师"正是通过写作将自己日常教育教学的点点滴滴慢慢积累起来的，而实施"中原名师教育写作出版计划"就是为了帮助他们打开真理之门。

我还想到了每本书稿选题的艰难，想到了那些为了确立书稿选题所经历的热烈讨论，既有面对面的沟通，也有无数次邮件、短信与电话往来。由于每一位作者所在的区域不同，所教学段、学科不同，研究基础、研究方向也各不一样，如何将那些最有价值的研究成果梳理、提炼出来，并形成相对集中的研究主题以专著的形式呈现，是我和张文质老师以及每一位作者需要面对的挑战。沟通、选择的过程非常重要，也非常辛苦。这主要是由各位作者在实践层面的经验、成果内容非常多样造成的：往往一个教师所提供的一本书稿，在内容上既有学科教学方面的，也有班级管理方面的，甚至还有其他学科领域的。这固然反映了一线教师工作繁杂多面的实际情况，但对于专著出版来说，主题不够突出无疑是大忌，也会遮蔽那些更有价值、更值得推广的内容。经过反复讨论，第一批"中原名师"首先确定了选题，开启了教育写作之路；而有些作者则更改了选题，另起炉灶，毅然开启了新的写作计划，这其中的勇气也让人深为佩服。

当然，我也想到了每一位作者所经历的艰苦的写作过程。由于绝大多数老师积累的文稿是基于实践经验，致使有些内容在学理上存在问题，论述、论据都不够严谨，容易引起歧义；也有些内容所呈现的研究过程与研究成果不够完整，材料繁杂、枝蔓较多，如何去芜存菁留下最有价值的东西，如何修改、完善那些不够成熟的地方，也是摆在每一位作者面前的挑战。值得指出的是，对文稿不断修改、完善的过程虽然艰苦，但其实是非常宝贵的研究经历——看似是教育写作的过程，其实又是学术研究的过程，写作本身成为思维与学术的双重训练，成为提炼教育教学理念、凸显教育教学风格的基本路径。正是经历了这样的写作和研究过程，他们最终创作出很有价值的作品。如果说在专著出版之前，这些老师的教育教学风格还不够鲜明，尚未在更大的范围内得到认可，那么我相信，专著的公开出版，将有力地促进他们教育教学成果以及个人教育教学风格的传播与推广，塑造"中原名师"更加美好、专业的形象，使之成为河南教师乃至全国教师的偶像。而这，也是河南省教育厅与中原名师培育工程项目办公室决定实施该项"中原名师教育写作出版计划"的重要目的之一。

  对于各位作者而言，他们没有辜负岁月，岁月也没有辜负他们。

  对于导师而言，能够参与这个项目，帮助各位作者，是充满欣慰的，甚至超过了自己出书时的喜悦。

  感谢各位读者，如果您翻开这些书，您会看到有那么一些人，是如何执拗地表达着对岁月和信仰的敬意。

闫　学

# 序

2019年，在协助中原名师培育工程项目推进过程中，我有幸结识了宋君老师。因为同在郑州，在日常工作间隙里，我便经常联系宋老师，向他请教。后来，因工作繁忙，见面的机会少了，但总是能听到很多有关宋老师的逸事。比如，他如何指导工作室的学员、如何开展数学阅读、如何将"智慧数学"的教学主张传播给更多的一线教师……

教学主张是一线优秀教师对自己平日工作所思、所想、所得的集中表达。在工作中，我们往往会从一些知名教育专家的专著或讲座中看到他们的教学主张。对于专家的教学主张，有的教师选择直接模仿，成为一名"盲从"者；有的教师从未思考过教学主张与自身教学实践的关系，主动建构教学主张更是无从谈起。

宋老师用切身实践告诉我们，理论并不是专家独有的，每个教师的行为背后都有着自己的"个性化理论"。与其盲目地追随专家，不如踏踏实实地走进课堂，与学生对话，与自己对话。这种关于理论的新解，极大地鼓舞了年轻的教师们。在宋老师的带动下，很多一线教师不再止步于"理论匮乏期"的自我否定，也不再拘泥于照搬"专家""名师"的套路，开始进行大胆的探索，不断地反思、尝试、锤炼，将先进的教学理念与自身教学思考相结合，在实践的沃土中扎根，最终形成自己的独特风格，走向真正的专业化成长之路。

基于对"教学主张"的理解，团队成员在本书汇编过程中进行了大量的理论研修和实践论证。如：穆桂鹤老师的"智趣数学"，就是穆老师在日常教学过程中将大量有趣、极具教育意义的数学绘本等素材引入课堂，极大地激发了学生的认知内驱力，由此而提炼出的；吴艳庆老师的"为理解而教"，则是在大量指向"理解"教与学的课堂实践上总结产生的；黄春丽老师的"本真数学"，则聚焦探寻数学之"真"，在观察感悟、动手操作、合作交流、反思练习、综合实践中凝练而成；而同为"真"，刘英杰老师的"寻真数学"，则强调从"寻"的路径与策略出发，引发学生体悟数学之美；宋君老师的"智慧数学"，更是从育人哲学的角度，基于"启智增慧"的目标，阐释"智慧"的数学如何教和如何学；还有我提出的"适性数学"主张，则是在开展适合儿童学习、适合儿童生长、顺应儿童发展规律的基础上凝练得出的。

在助力他人的过程中，宋老师付出了艰辛的努力。他带领大家精读文献，梳理思路，鼓励大家将自己的想法勇敢地实施于教学，形成自己的教学思想。同时，他还以自己的"智慧数学"主张为例，不断帮助大家用从容的心态、扎实的做法提炼教学精髓，做有自己影子的教学。本书中各团队成员提出的"教学主张"，绝不是网络文字的照搬，而是每位教师一节节现场课的实践探索和一次次对教育教学的理论研究。这些主张都要回答出"是什么""为什么""有什么价值"等至少三个基本问题，而且对这些问题的回答要在小学数学的一线课堂有所体现。

这本书是基于"实践理论＋案例描述"的方式，呈现参与教师对自己教学主张的解读与实践反馈。相信当您翻开本书，细读每位老师的文字时，一定会被他们的真诚打动。这些植根于课堂、原发于学生成长记录的思索，是一股股推动小学数学教师不断内省、走向专业成熟的力量。但愿它能触动您内心深处的那根弦，鼓舞您走向有着"自我理解"的课堂实践。

谢蕾蕾

2022 年 10 月

# 目 录

**第一章　教学主张与教师专业发展**
　　第一节　教学主张的专业发展意义……………………003
　　第二节　教学主张的特征………………………………015
　　第三节　教学主张的价值………………………………018
　　参考文献…………………………………………………020

**第二章　穆桂鹤：智趣数学**
　　第一节　智趣数学的提出………………………………025
　　第二节　智趣数学教学主张的实践建构………………031
　　附：典型教学设计
　　"整理与复习"教学设计…………………………………049
　　"卫星运行时间"教学设计………………………………053
　　参考文献…………………………………………………057

## 第三章　黄春丽：本真数学

第一节　数学"失真"问题的探讨及分析 ................061

第二节　本真数学的内涵及价值 ................066

第三节　本真数学的实践与探索 ................069

附：典型教学设计

"找规律"教学设计 ................086

"分类与整理"教学设计 ................091

参考文献 ................095

## 第四章　谢蕾蕾：适性数学

第一节　适性数学的提出 ................099

第二节　适性数学的内涵解读 ................103

第三节　适性数学的课堂架构 ................108

附：典型教学设计

"什么是面积"教学设计 ................112

"小数的意义"教学设计 ................119

## 第五章　吴艳庆：为理解而教

第一节　为理解而教的内涵 ................129

第二节　为理解而教的实施策略 ................133

附：典型教学设计

"比的化简"教学设计 ................146

"合格率"教学设计 ................151

"比例尺"教学设计 ................157

    参考文献 .................................................. 161

## 第六章  宋君：智慧数学

    第一节  智慧数学教学主张提出的背景 .................. 165
    第二节  智慧数学的内涵与解读 ........................ 167
    第三节  智慧数学的表征 .............................. 170
    第四节  智慧数学的两大支柱 .......................... 175
    第五节  智慧数学的课堂实施策略 ...................... 187
    附：典型教学设计
    "买书"教学设计 ...................................... 198
    "国土面积"教学设计 .................................. 205
    "探索活动：3的倍数的特征"教学设计 .................. 211

    参考文献 .................................................. 216

## 第七章  刘英杰：寻真数学

    第一节  寻真数学教学主张的提出 ...................... 221
    第二节  寻真数学的内涵与解读 ........................ 225
    第三节  寻真数学教学主张的课堂实施 .................. 227
    附：典型教学设计
    "什么是面积"教学设计 ................................ 235
    "时间表"教学设计 .................................... 240
    "比例的认识"教学设计 ................................ 245

## 后　记 .................................................. 249

# 第一章　教学主张与教师专业发展

在教师的专业发展过程中，提炼教学主张是教师从优秀走向卓越的有效途径。如果没有个性鲜明的教学主张，教师的教育教学就像无根之木、无源之水。

教学主张是优秀教师的"个人理论"，是教师专业发展的灵魂。它来自实践又高于实践，凝练着一线教师多年的教学智慧，是教师实现有目的、有方向、有逻辑的专业发展的路径。教学主张促使教师从专业群体走向独特的个体，对于不同发展阶段的教师都有着积极的作用。

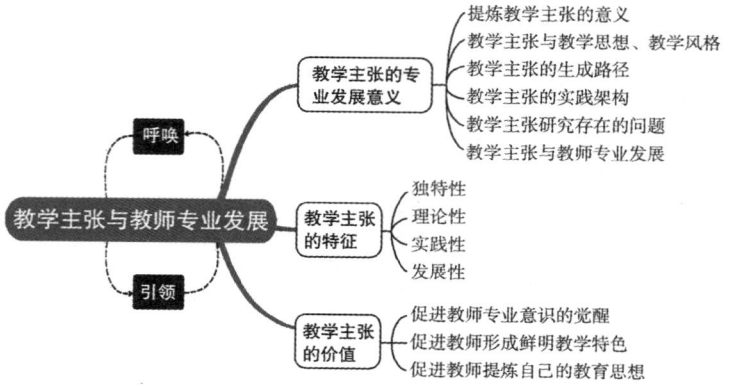

# 第一节 教学主张的专业发展意义

福建师范大学余文森教授指出,一位教师即使著作等身,荣誉无数,如果缺乏自己的教学主张,从专业上讲,他依然还是一个无"家"可归的"流浪汉"。可见,提炼教学主张对教师的专业发展具有十分重要的意义。

## 一、提炼教学主张的意义

教学主张与教师专业发展是近几年来专家、学者较为关注的问题。李建军教授在《教学主张:教师专业发展的内在维度》中指出:教学主张是教师专业发展的内在维度和能动因素。江苏省教育科学研究所原所长成尚荣从名师专业成长的角度探讨教学主张,指出教学主张与名师的文化品质、教学品位和专业发展息息相关,是名师成长中的重要问题。余文森教授认为:教学主张既是教师专业影响力的核心,也是打开教师专业成长的"天眼",还是教师从优秀走向卓越的专业生长点,更是名师发挥专业影响力的核心因素。

### (一)教学主张是优秀教师成熟的标志

教学主张一定是教育思想、教学理念在课堂教学中的具体化,是个性化的教育思想和教学理念,是有经验的教师专业发展的核心因素,也是优秀教师的重要标志。提炼教学主张,标志着教师在不断发展、不断建构、不断丰富、不断完善和不断超越自我后达到一个新的起点。

教学主张是教师个体对教学的独特理解和感悟，是优秀教师成熟的重要标志，也是教师从优秀走向卓越的关键生长点。教学主张的凝练需要教师用"案例＋反思"的思维进行思考，用自己的话讲述自己的教育故事，在这个过程中思考"为何教""为谁教""教什么""怎样教"等问题，让教师在这个过程中因材施教，促进学生的发展。

作为教师，只有在自我教学实践的基础上不断丰富、完善，才能有效提升思考深度，立足实践进行大胆的探索。

**（二）教学主张是教师实践创新的追求**

教学主张需要教师立足自我特色，在实践思考的基础上精准提炼教学思想，并不断进行丰富、完善，使教育回归本源。

在提炼教学主张时，教师需要回归教育教学的起点，站在理论的角度进行教育教学本质的追问。比如，关于思维教学，最好的方式是教师与学生一起思考，而不是教师代替学生思考。关注到了这些，我们才能更好地转变教育教学的理念，拓展学生学习的空间，扩大学生学习的视野，了解学生后续学习发展的需求，促使学生智慧地学习。

教学主张的提炼更需要教师在立足实践的过程中进行深度思考，真正将理念内化为教师的信念，外显为教育教学的行为。教学主张的形成需要教师经历哲学思考、自我提炼、自主实践的过程，并在实践的过程中提升、完善、创新，形成自我特色。

作为一名有20多年教龄的教师，回顾自身专业发展的历程，宋君老师提出了自己的教学主张——智慧数学。在课堂教学中，他一直追求朴实、大气、开放的智慧教学。朴实，就是追求教育教学的朴实无华，也就是课堂的有效性，把课堂尽可能地锤炼成"大智者的教学"；大气，也就是追求教育教学的收放自如，在充分预设的基础上追求精彩的生成，合理取舍，真正做到有智慧地教学；开放，也就是在教育教学中，做到课程资源的开放，做到课堂的开放，做到教学的开放……在开放的课堂中追求教育的智慧。智慧的课堂是为师生发展而教，为师生发展而学，即教是为了不教，学是为了会学。

### (三) 教学主张是促进教师专业发展的有效方式

教师的专业发展贯穿每位教师的职业生涯，具有复杂性与长期性的特点。不同发展阶段的教师由于其教学经验、理论知识掌握情况的不同，其专业发展水平也不同。促进教师专业发展的策略多种多样，其中，提炼教学主张是促进教师专业发展的有效方式。

教师的专业发展是一个不断向纵深发展的过程。由新手教师成为合格教师相对比较容易，从优秀教师成为卓越教师就比较难。从心理学角度而言，这是一种高原现象。出现这种现象的原因有两个方面：一方面是个人的认知基础。在第一阶段，教师积极把个人的潜力释放出来，达到了一定的高度。另一方面是个人的成就动机。在第一阶段，教师具有强烈的成就动机，能够尽最大努力成为优秀教师，而成为优秀教师之后，成就动机则可能大大削弱，进入了发展的停滞状态。

提炼教学主张，能够促使教师有意识地审视过往的经验和理念并做出及时的调整，不断超越自己，促进自身的专业发展。

### (四) 教学主张是优秀教师产生和保持影响力的重要路径

教学主张是优秀教师产生和保持影响力的重要路径，是优秀教师的显著特征。改革开放以来，中小学校涌现了一大批优秀教师，其中一些优秀教师的影响已渐渐消失，而另一些优秀教师则能持续地影响着今天的课程改革和教师的专业发展。为什么有些教师的影响会消失呢？其中一个重要原因，就是有的优秀教师缺少自己的见解，没有真正形成自己的教学主张和教学风格。严格来说，这些教师是操作型的，甚至是技术型的，只是按规定和要求认真工作。这类优秀教师固然可敬，但因为没有教学主张而慢慢失去了影响力。真正的优秀教师会有自己鲜明的教学主张，不仅以他的教学经验、教学特色影响着其他教师，更以他的教学主张，即个性化的教育思想改变着其他教师。就教师自身而言，也正是因为教学主张以及教学主张下的实践，才使自己不断有新的发现和新的经验，不断建构自我的教育理论，进而获得持续的影响力，推进教育教学改革和教师的专业发展。

教学主张根植于教育思想，是教育理念的深化与聚焦。我们曾在郑州市金水区部分学校随机抽取了126位教师做了关于教学主张的问卷调查。以下是问卷调查的情况分析：

**问题一：您听过并知道什么是教学主张吗？**

您听过并知道什么是教学主张吗？

- 非常清楚 17%
- 不太清楚 73%
- 不知道 10%

从图中我们不难发现：约73%的教师不太清楚什么是教学主张，约17%的教师不知道什么是教学主张，仅有约10%的教师听过并清楚知道什么是教学主张。

**问题二：您认为名师的教学主张对您的教育成长是否有帮助？**

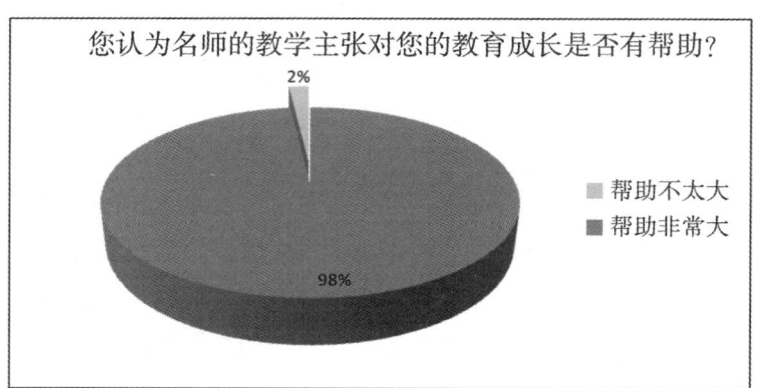

如图，约98%的教师认为名师的教学主张对自己教育成长的帮助非常大，约2%的教师认为帮助不太大。由此，我们能够看出教师对教学主张的认同度很高，教学主张对于教师专业发展有着积极的促进作用。

**问题三：您想拥有自己的教学主张吗？**

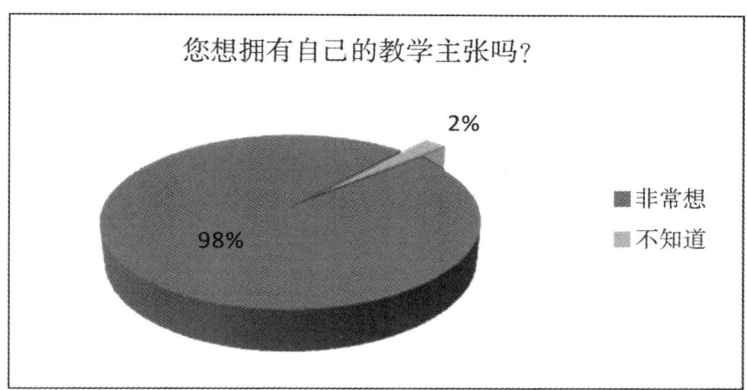

根据数据统计，约 98% 的教师非常想拥有自己的教学主张。

**问题四：您知道如何形成自己的教学主张吗？**

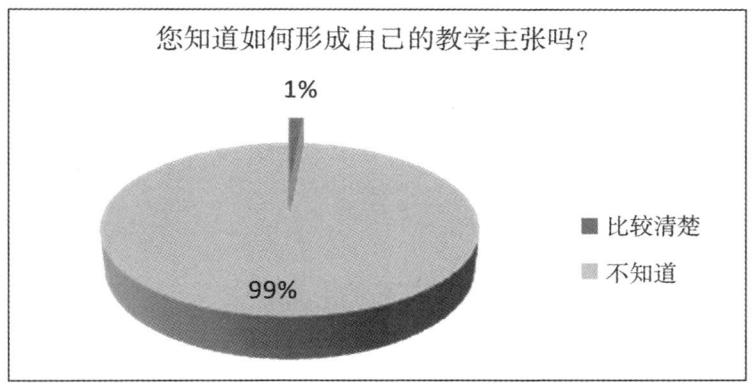

教学主张的形成或提出是为了更好地解释、促进和改善教育实践，使教师的教学水平得到不断提升。在问题四中，仅有约 1% 的教师选择比较清楚如何形成自己的教学主张，而约 99% 的教师则不知道如何形成自己的教学主张。

综上可知：教师对于教学主张能否促进教师专业发展持肯定态度，对拥有自己教学主张的愿望也非常强烈，但是缺乏"形成自己的教学主张"的方法与路径。

教学主张是一种个性化的教学见解，它坚定地指向教学改革的实践，也是实践经验的理性概括和提炼。从专业角度而言，教学主张的提炼、表达和研究，就是教师持续发展和自我超越的生长点。

## 二、教学主张与教学思想、教学风格

优秀教师应该有自己的教学主张，但绝不能简单地将教学主张与教学思想、教学风格混为一谈。实际上，教学主张与教学思想、教学风格既有联系，又有区分。教学风格是具体的、个性的，是教学主张的具体化，没有教学主张，教学风格就失去了灵魂。同时，教学风格侧重于教学改革的实践层面，而教学主张则更侧重于思维层面。教学思想是源，无论是教学主张还是教学风格都源于教学思想。教学主张遵循教育教学的规律，把握教学的本质，促进学生思维的发展，是优秀教师的"旗帜"，也是优秀教师的"第三只眼"。教学主张使优秀教师从经验走向理论，是优秀教师在系统的理论与实践研究和探索后，形成的个人教学研究方向。

从教学主张的内涵可以看出，教学主张是一个教师核心教育理念的个性化表达。教学思想是人们在长期的教育教学实践和系统的教育科学研究中建构的系统的、严密的理性认识，更具普适性，属于客观知识范畴。就个体而言，其教学主张本身就是其教学思想的集中体现。

## 三、教学主张的生成路径

江苏省教育科学研究院原所长成尚荣指出，教师的教学主张首先应该根植于文化土壤中，让教学主张打上文化的烙印；其次，教学主张还应根植于儿童观中，从儿童的视角获得启发；再者，教学主张还要根植于教师对课程教学的理解之中，通过对课程、课堂、教学的理解形成自己的主张；最后，教学主张还要通过写作来表达。

余文森教授通过对大量名师教学主张的分析发现，多数名师提炼、形成自己的教学主张主要通过两条路径完成。第一条是归纳的路径。其特点是实践导向、兴趣驱动、遵从做事逻辑。这是指名师的教学主张从名师的经验中萌生出来，并逐渐被实践证明是正确的、有效的理论或观点，或是为了更好地解释、促进和改善实践，使其教学水平和境界得到不断提升而提出或形成教学主张。采用这种路径的教师，往往是兴趣驱动的，并遵从一定的做事逻辑。第二条是演绎的路径。其特点是理论导向、课题驱动、遵从学理逻辑。这包含两层意思：一是教学主张是基于理论产生的，即教学主张从教师现成的理论中演绎过来，或者说名师的教学实践很好地验证了某个理论。二是教学主张是为了完善理论的，即名师通过基于教学主张的实践去拓展、丰富、完善相应的教学理论。采用这种路径的教师，往往会为了解决某个问题或参加某个课题而进行一些教学改革实践活动，从中提炼自己的教学主张。同时，由于事先有清晰的理论导向，教师的教学实践就是理论引领下的实践探索。

毛惠康、吴伟昌通过分析全国著名语文特级教师的典型案例，认为名师教学主张的生成路径主要为四步：一是知识积累，从强基固本走向厚积薄发；二是实践反思，从教学尝试走向技术娴熟；三是经验打磨，从传承创新走向德艺卓越；四是思想提炼，从行下之作走向行上之思。

李建军指出，教师要想拥有自己的教学主张，就必须具备自觉追求教学公正的专业气质和精神人格，努力重构专业发展的教学理论知识体系，把握实践创造和理论创新的契机，提高教学反思的水平和语言转化能力，拥有扎根实践的"草根情怀"。

冯卫东则提出教学主张需要在"扎根理论"中"生产"。主要指重视面向事实和经验，从资料中产生理论，在操作程序上逐级编码并最终产生教学主张。

卢伯春和史桂荣用"读""行""思"三个字高度概括了教学主张的形成途径。另外，有学者致力于探索教学主张形成的关键环节。张珊珊就指出反思自我是教学主张形成的关键环节，应把研究学生放在建构教学主张最核心的地位。

尽管上述观点阐释了教学主张提炼及产生的应然路径，但由于教学主张的个性化特征，教师未必完全依照专家的思路形成自己的教学主张，而是在专家思路的基础上进行必要的选择，从而不断完善自己的教学主张。

## 四、教学主张的实践架构

优秀教师的教学主张形成以后，需要回到实践中寻找实施的土壤。具体体现在以下三个方面：

### （一）从文本中寻找教学主张的契合点

课程标准、教材等文本是知识的载体，也是课堂上师生交流的重要载体。优秀教师的教学主张形成以后，需要回到课程标准、回到教材中，验证教学主张的合理性。因此，优秀教师基于自己的教学主张，会针对教材的深度、广度等方面进行细致钻研。余文森教授指出，优秀教师对教材的研究和解读首先要达到一些基本的共性的要求，如教师能够全面准确地理解教材的本质和本意，把握教材的精髓内容和重难点，把教材内化为自己的东西。这个过程就是优秀教师教学主张的教材化过程。比如张义宝老师的价值数学，既是对课标要求的提炼，又反过来很好地践行了课标的要求。又如福州市乌山小学的林碧珍老师，她带领她的团队对小学数学教材全套内容进行了全面细致的解读，挖掘并寻找隐藏于数学知识背后的数学思想并进行归类，同时整理出每一种数学思想在各册教材中渗透和体现的细目表，从而使数学思想显性化、结构化。中原名师司德平针对高中物理学科的课标要求，对高中物理学科的所有教材中呈现出的学科思想进行分解与分析，从文本中寻找学科思想、学科价值的做法，具有很大的影响力。

### （二）从课堂实施中寻找教学主张的关键点

教学主张不仅要钻研文本，还要体现在教学上。事实上，教学主张的价值也主要通过课堂教学的效果彰显。优秀教师能够凭借自己的教学艺术和智慧，灵活、熟练地运用各种教学方式、方法驾驭课堂，取得良好的教学效果。而有教学主张的优秀教师，在实施课堂教学时，往往不再拘泥于教学范式，而是带着鲜明的个性特征。有些优秀教师的教学主张本身就起源于长期对课堂的关注和体察，容易形成基于教学主张的教学模式。如魏书生老师的六步教学法，虽然步骤表述起来很简单，但其形成过程却蕴含了魏老师一生对课堂的关注和思考。徐斌老师倡导的无痕教育，也具有很强的借鉴意义。在他看来，教育应当是在不知不觉中进行的。将复杂的知识教得简单，将简单的知识教得有内涵，让所有的数学活动都为学生的数学学习服务，为学生的全面发展和可持续发展服务。同时，他还针对无痕教育的操作路径提出了四个"关注"和四个"策略"。李其进老师提出的"做数学"教学主张也是基于课堂现实情境。在教师的指导下，学生作为学习的主体，经历由现实世界抽象出数学问题的过程，通过猜测假设、操作实验、合作探究、互动交流等活动，探索发现数学规律，自主建构知识。同时，李其进老师也将"做数学"教学主张下的课堂实施分为"提问题""数学猜想""数学实验""交流反馈""综合应用"几个要素进行解读。可以看出，这些优秀教师的教学主张兼具科学性与推广价值。江苏省特级教师卜以楼提出的"生长数学"教学主张，对部分一线数学教师而言解读起来有些困难。但卜老师对该主张进行系统阐释，将"生长数学"中"生长"的内涵明确为"从问题中生长思维""从探究中生长学力""从感悟中生长品格""从内化中生长素养"几个维度后，"生长数学"便被教师们理解和运用了。

### （三）从教师个体风格中寻找教学主张的内生点

优秀教师的教学主张不仅反映在对文本的挖掘和课堂教学的有效实施上，还往往体现在优秀教师的个人精神品质、风格上。如主张"简约数学"的江苏省小学数学名师许卫兵，他的数学课堂不仅充满"简约"色彩，他的生活、工作等也都有了"简约味"。简言之，教学主张作为教师内化于心的思想，也体现在其外在的方方面面。

## 五、教学主张研究存在的问题

尽管研究者已经对教学主张有了非常全面、系统的研究，但仍有一些问题不容忽视。

### （一）部分教学主张有"构想"无"实施"

虽然很多优秀教师都提出了自己的教学主张，但有些教学主张不成体系或体系杂乱，难以深入课堂实践。其主要原因是教师对其教学主张的提出缘由思考不充分，往往只是对一些看似深刻的词汇、概念进行加工、重构或模糊化理解，形成自己的教学观点，并视其为自己的教学主张。这类主张由于缺乏全面、深入的理论基础或依据，内涵和价值不充分，无法落实到真正高效的课堂中。

同时，也有一些教师的教学主张只是停留在"口号"层面，既没有理论基础的追溯，又缺乏实践土壤的论证，为了"有主张"而"提主张"。正如黄厚江老师所言，来自实践的主张，还应该能够解决教学中发现的问题。如果闭门造车，想出来一些脱离实际的主张，或者是为了提出主张而提出主张，也许能新鲜一时，甚至轰动一时，却是没有实际意义的，也是没有生命力的。另外，教学主张与教学改革实践之间存在一种互动的关系。缺乏教学改革实践的教学主张只能是"空想""空谈"，难以体现真正的教学思想。

### （二）教学主张表述的"边界"模糊

许多优秀教师提出的教学主张具有很强的交叉性和模糊性。这些教学主张本身没有问题，但对其内涵的界定却需要下一番功夫。当对教学主张概念的内涵和外延描述不清时，提出者就需要重新思考自己的教育思想、教学理念。否则，没有创新的见解、看法和感悟，贸然提出的教学主张就失去了其本身的价值和意义。

另外，部分教学主张的概念在描述时存在模棱两可、顾此失彼的问题。有的教学主张尽管包含了很多理论，但细究起来，这些理论的内核与教师提炼的教学主张关系不大，这种材料堆积起来的表述是苍白的。优秀教师应把教学主张中最核心的理论找出来，形成理论体系并指向教学实践。也有部分教学主张往往只提供了一种愿景，尽管为多数人认同，但由于缺乏操作要素的阐释和说明而无法真正落实。

### （三）教学主张的失衡与过度

当前，教学主张的相关研究在学科层面上主要集中在语文、数学学科。这源于当前我国基础教育阶段不同学科在评价上的比重差异性，语文、数学研究者对此关注的比较多。同时，这也体现出教学主张在不同学科间的失衡。各个学科、学段的优秀教师都应该提出自己的教学主张。

此外，也有一些优秀的教学主张存在"过度"的现象。比如，有些教师列出几十条教学主张，但仔细研究便会发现，其核心思想只有一个或简单的几个。这种菜单式的表述方式容易造成教学主张的泛化，难以有效指导教师的教学实践。

## 六、教学主张与教师专业发展

教学主张是一位教师的核心教育理念，是教育思想的具体化，也是个性化的表达，犹如一个人内心的指南针。这是优秀教师"教育自觉"的标志。可以说，教学主张是从教育自觉的根上长出来的鲜亮绿叶，不断促进教师的专业发展。

### (一) 教学主张引领教师的专业发展

首先，教学主张的提炼让教师的专业发展更有方向，有方向的专业发展能有效提升教师的自我成长。其次，教学主张搭建起理论与实践的桥梁，让教师构建自我的教育理论，在践行自我教学主张的过程中不断成长。

教学主张是优秀教师教学的内核和品牌，是优秀教师的教学思想、教学信念的沉淀。优秀教师在教学实践中都会有意或无意地对相关问题进行思考，并在此基础上产生或形成对教学的一些看法、想法和观点。这些思考不乏有价值的见解，但总体而言，是相对零散、浅层、模糊的，只有经过理性加工和自我孵化，才能提升和发展成为教学思想。教学思想是教师对教学问题系统的、深刻的、清晰的思考和见解，具有稳定性和统领性。教学主张是教学思想的具体化、个性化，是教师对教学经验的提炼、概括和提升，是理论与实践、认识与情感、知识与智慧的"合金"。教学主张从整体上表现了教师理性思考的深度和对教学理想追求的高度。

教学主张引领着教师的专业发展，并不断促进和提升教师的专业发展，使教师成为有影响力的优秀教师。

**（二）教师的专业发展呼唤教学主张**

教师的专业发展呼唤教师在提炼自己教学主张的过程中提升专业尊严，专心做学问，在教育教学实践中积淀自己的教育智慧和教学思想，引领更多教师的专业发展。

教学主张是教师基于自身经历的关于学科教育的思考，是已有教育教学理论在实践中的"活化"与创新，具有主观建构性。很多教师具有比较丰富的教育教学经验，对教育教学也有自己的理解和思考，在当地有一定的影响力和知名度，但也存在着满足于现状、沉醉于舒适区等问题。同时，一些教师重教学实践轻理论思考，对教育教学问题缺乏系统的研究和独到的见解，发展视野不够开阔，可持续发展的理论基础和后劲不足。这一系列问题都是优秀教师成为专家型教师的瓶颈。因此，帮助他们突破专业发展的瓶颈，寻找专业上更高层次发展的生长点，是当前呼唤教师凝练教学主张的重要意义。

# 第二节　教学主张的特征

教学主张因每位教师的实践经历、学识素养、思维方式、学科背景、个性特点等差异而各具特色。其主要特征表现在如下几个方面：

## 一、教学主张具有独特性

教学主张属于教师的个人特色，具有独特性。优秀教师在教育教学实践中总结、提炼自己的教学主张，是对自我教育实践、教学人生体验进行个性化理解、判断和解释的过程。教学主张对优秀教师而言是一种创造，是独特的个人行为，体现了教师的认知方式、教育方式以及教育思想等多维度的独特性，体现了教师作为自身知识的建构者和发展者的专业身份。

## 二、教学主张具有理论性

教学主张蕴含着教师个人的理想、信念和教育追求，表达了教师对"好的教学"的深刻理解和探索。美国教育哲学家乔治·奈勒说："那些不应用哲学思考问题的教育工作者必然是肤浅的。一个肤浅的教育工作者，可能是好的教育工作者，也可能是坏的教育工作者——但是好也好得有限，而坏则每况愈下。"一个拥有自己的教学追求和教学主张的教师，对于教育现实领域中的事物必然采取客观的态度，所有这些态度都涉及好与坏、善与恶、正义与非正义的判断。这些判断常被教师用来审视自己的教育理想、信念、立场，从而从理论层面阐述自己的教育观点。

教学主张的提炼和发展源自优秀教师对先进教育教学理论的深刻理解和把握。先进的教育教学理论是教学主张提出的依据，也为教学主张的发展和完善奠定了基础。没有先进理论作为指导，所谓的教学主张很可能成为碎片化的教学建议，甚至是没有逻辑和结构的教学论述。教学主张体现先进的教育教学理念，遵循教育教学规律，符合现代教育价值追寻的目标和教育教学改革发展的趋势和方向。

## 三、教学主张具有实践性

教学主张的凝练需要教育理论的支撑，但教学主张也是教师在自身的教学实践中，运用自己的理性思维梳理、总结、探究教学规律，尝试进行合理的解释与说明，进而提炼出的个人对于教学的见解和观点。这种见解和观点是教师主体对教学实践进行反思的产物，又反过来引导教师的教学实践行为，推动教育教学走向深入。

对于教师而言，教学主张具有理论色彩，但它不是由空泛的语言和抽象的概念堆砌而成，而是在实践中产生又有待进一步进行实践检验的个人理论，具有活跃的行动色彩和实践张力。对于教师个体来说，教学主张需要立足实践，在实践、探索、总结的基础上提升和发展。

伽达默尔曾说："一切实践的最终含义就是超越实践本身。"教学主张来源于教学实践，也根植于教学实践，丰富的实践能够使优秀教师在不断的反思活动中激发创造性想象，让课堂焕发出生机。同时，教学主张必须用于指导教育教学实践才能实现它的价值，也必须经过教育教学实践的不断检验。教学主张形成和发展的过程，是优秀教师自觉地践行教学主张的核心理念，将自己的情感融入工作和生活的过程，也是优秀教师教学个性和教学风格不断升华的过程。教学主张成为优秀教师取得关键性成果的标志。

## 四、教学主张具有发展性

教育教学具有发展性，而教师的教学主张更是如此。教学主张是"活"的思想，是在教师的教学实践中产生的，随着教学情境的变化而产生相应的变化，并指导着这种变化。教学主张始终以一种灵动的姿态应对着教学实践中新的变化和新的要求，使教学活动焕发不竭的生机与活力。

当然，教学主张的凝练不是一蹴而就的，而是伴随着优秀教师的专业成长逐步发展的。优秀教师在长期的从教生涯中不断深化自己对教育教学的认识，给自己的教学主张注入了丰富的内涵。教学主张的提出随着实践经验的丰富而更加丰富，随着思考的深入而更加深入，也随着时代的发展、理念的更新而与时俱进。教学主张的形成和发展是教师不断自我更新、自我超越甚至是自我否定的过程，这意味着教学主张的凝练需要经过长期打磨，它的发展和完善是没有止境的。可以说，教学主张不仅仅是教学实践的产物，更是时间积淀的产物。从新手教师到专家型教师，个体的知识和能力结构也在不断发展。教学主张的每一发展阶段不仅建立在前一阶段个体认知的基础上，更是对前一阶段教学理解的完善与深化。

总之，优秀教师对教学的认知和理解逐渐由外在表象深入到教学内部，教学主张的生成也呈现出循环渐进、逐步深化、动态发展的特点。因此，教学主张具有发展性。

## 第三节　教学主张的价值

教学主张是教学理论与教学实践之间的一座桥梁，是教学智慧的结晶，是教师对教育教学系统的、深刻的、清晰的思考和见解。它是在长期实践的基础上不断总结、提炼出来的。对于教师而言，教学主张的价值主要体现在如下几个方面。

### 一、促进教师专业意识的觉醒

教学主张是教师教学是否成熟、是否优质的重要标志，也是衡量教师教学风格是否形成的重要标志。对优秀教师而言，提出教学主张就是给自己树立一面旗帜。因此，提出教学主张不仅是优秀教师个人成长的关键环节，而且是培育优秀教师的核心抓手。

优秀教师应该走向教育的自觉。走向教育的自觉时，教师就会多一些思考，在实践的过程中完善自我。优秀教师走向教育的自觉，使教学主张的提出和形成变成一个自然而然的过程，这个过程不断促进师生的成长。

教学主张是优秀教师"教育自觉"的关键性标志。优秀教师应当是思想者，而教学主张正是其对教育教学深刻思考后所形成的一种见解。教学主张表达了教师对事业、对学生热爱的情感上的自愿，也表达了理智上的自觉。这种自愿与自觉，正是教师对理想教育的追求。可以说，教学主张是从教育自觉的根上长出来的鲜亮的绿叶。一个缺乏教育自觉的教师，很难成长为优秀教师。

教学并不是单纯的公共性教学理论的简单应用，而是一个教育者调动自己已有的知识和经验，对知识进行判断、选择、改造和创造的过程。凝练教学主张，能引导教师审视自我，从个人优势方面寻找自我，在不断总结、提炼的过程中唤醒自我，促进教师专业意识的觉醒。

## 二、促使教师形成鲜明教学特色

作为教师，我们需要凝练自己的教学主张，拥有自己的教学主张，成就一个有血有肉的"自我"。凝练并实践自己的教学主张，其实就是在寻找、塑造"自我"，肯定"自我"，促进自身的专业发展。

教学主张是在以"自我"为中心的前提下，在充分发挥个体主观能动性的基础上提炼发展的，也都烙上了优秀教师独特的个人印记，展现出专属于优秀教师的鲜明个性，是优秀教师教学观点、教学风格和教学特色的综合体现。

作为教师，凝练教学主张的过程，就是树立个人教育特色和教学风格的过程。这个过程不断促进教师的教育理论个性化，推动教师的教学风格走向特色化的发展之路；这个过程让教师找到自我的长处并发挥到极致；这个过程让教师积极进行教学实践改革，让教师的教学不断发展为特色教学。

## 三、促进教师提炼自己的教育思想

教师的专业发展不是一个平面的延展过程，而是一个不断向纵深挖掘的过程。凝练教学主张，就是教师理性精神的自我塑造，使个人的"意义建构"正确反映事物的本质；就是给自己树"一面旗帜"，"自己定义自己的教育"，建构自我教育理论。作为教师，我们应该拥有自己的教育思想，这样才能让我们在实践的道路上不断地总结和提炼，促进自身专业的发展。

教育思想根植于教育实践，只有指向实践的理论才是最鲜活的，而教学主张更多的是基于理论指导下的实践。教学主张是教育思想、教育理论的深化和聚焦。教学主张的研究过程，也是教师的教育理论不断提升和发展的过程。在教育教学实践中，很多优秀的教师都有自己独特的做法和招数。如何将这些做法和招数提升为一种教育理论，需要教师不断地从实践层面进行总结和提炼。

凝练教学主张，就是要去揭示、提炼教学现象和教学问题背后的本质和规律。我们应该把教学主张看作教师对教学、对教学改革的一种理性认识。随着课程改革的深入，教师应当结合自己的实践与思考，提出自己的见解，并加以梳理和概括。所以，教学主张既是个体对教育思想、教育理念的深刻理解与凝聚，又根植于整个教育思想体系，在实践中不断丰富和完善。

总之，优秀教师教学主张的形成、发展与完善，需要以先进的教育理论为指导，需要有丰富的理论基础，应该从哲学、社会学、心理学、教育学等学科去寻找其立论的依据。从个人经验到个人理论，这个过程不是一蹴而就的。教师不仅要有实践意识，而且要有理论自觉。一方面，教师要把自己的经验和所行、所见、所闻、所得加以提炼、升华为理论；另一方面，教师要用先进科学的理论审视、引导自己的实践，从而形成和完善"个人理论"，这是教学主张的内核。

## 参考文献

[1] 余文森，成尚荣. 教学主张与名师成长 [M]. 福州：福建教育出版社，2017.

[2] 陈友松. 当代西方教育哲学 [M]. 杨之岭、林冰、蔡振生，等，译. 北京：教育科学出版社，1982.

[3] 成尚荣. 名师应当是思想者——谈教学主张与名师成长 [J]. 人民教育，2009(1):43-46.

[4] 成尚荣. 教学主张的追求 [J]. 教育视界，2016(5):4-8.

[5] 余文森. 教学主张：打开专业成长的"天眼"（节选）[J]. 基础教育论坛，2015(11)：21-22.

[6] 卢伯春，史桂荣. 教学主张：名师成长的应然追求 [J]. 现代中小

学教育，2015(11)：83-85.

[7] 李建军. 教学主张：教师专业发展的内在维度 [J]. 中小学教师培训，2009(1)：12-14.

[8] 毛惠康，吴伟昌. 名师教学主张形成路径探究 [J]. 江苏教育，2017(30)：10-12.

[9] 冯卫东. 在"扎根理论"中"生产"我们的教学主张 [J]. 江苏教育，2017(22)：54-56.

[10] 张珊珊. 从实践中"挖"出教学主张来 [J]. 人民教育，2015(3)：30-32.

[11] 成尚荣. 印象徐斌 [J]. 教育视界，2015(8)：35-36.

[12] 李其进. 小学"做数学"教学主张及实践建构 [J]. 现代中小学教育，2017(5)：40-42.

[13] 卜以楼. "生长数学"：数学课堂教学的愿景 [J]. 江苏教育，2017(11)：33-35.

[14] 宋君，周枫琳，刘娟娟，等. 老师，您有教学主张吗？ [N]. 教育时报·课改导刊，2017-04-11(1).

# 第二章 穆桂鹤：智趣数学

教师简介：穆桂鹤，现任教于郑州市金水区文源小学。先后获得河南省教学标兵、郑州市优秀教师、郑州市优秀青年教师、郑州市骨干教师、郑州市教育科研先进个人、金水区名师、金水区优秀教师等荣誉称号，并荣获全国魅力课堂教学特等奖，河南省小学数学课堂优质课大赛一等奖，两次荣获「一师一优课，一课一名师」河南省优质课一等奖，郑州市优质课大赛一等奖，郑州市小学数学基本功评比二等奖，金水区第九届、第十届「希望杯」一等奖，多项课题荣获省、市一、二等奖，多次在河南省各地市作专题报告。

智趣数学是我的教学主张。智，指智慧，知识，引申为让学生学会创新，发展数学思维。趣，指兴趣，趣味，引申为唤起学生的学习兴趣，树立崇尚智慧、追求真理的信念。智，是我对数学教学的追求目标；趣，是我所希望的数学学习的模样。智因趣生，趣因智达，相携而生。

　　在实际教学中，我从课前活动、课中教学、课后实践三个方面，以课前"阅读绘本"、课中"动手操作"、课后"设计研究性作业"等多种路径提炼、实践我的教学主张。

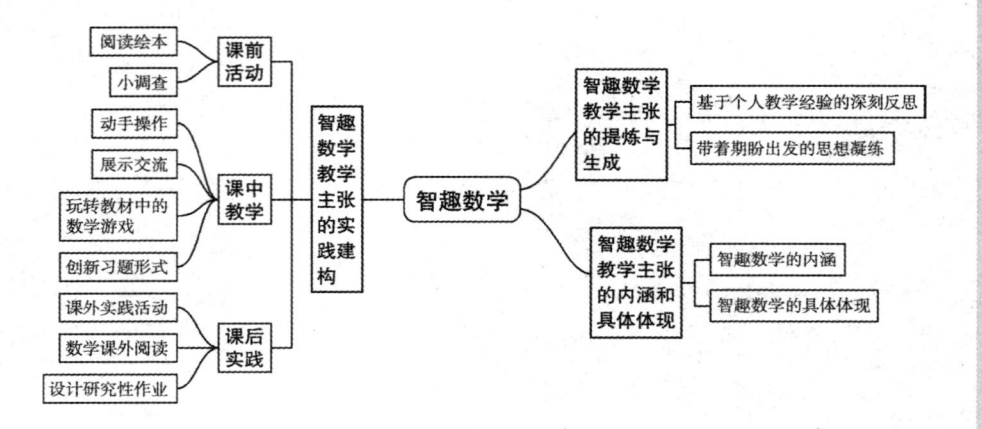

```
阅读绘本 ┐
小调查   ┘→ 课前活动 ┐
动手操作 ┐           │
展示交流 │           │
玩转教材中的数学游戏 ├→ 课中教学 ├→ 智趣数学教学主张的实践建构 →┐
创新习题形式 ┘        │                                        │
课外实践活动 ┐        │                                        │
数学课外阅读 ├→ 课后实践┘                                      │
设计研究性作业┘                                                 │
                                                               ↓
                                          智趣数学
                                          ↑
               ┌──────────────────────────┤
               │                          │
       智趣数学教学主张的提炼与生成         智趣数学教学主张的内涵和具体体现
               │                          │
       ├ 基于个人教学经验的深刻反思    ├ 智趣数学的内涵
       └ 带着期盼出发的思想凝练        └ 智趣数学的具体体现
```

# 第一节　智趣数学的提出

## 一、智趣数学教学主张的提炼与生成

### （一）基于个人教学经验的深刻反思

在多年的教学实践中，我发现课堂教学存在以下两大问题。

**1. 教师对课堂活动过度干预**

作为教师，我们都希望自己的课堂是趣味横生、气氛活跃的。但在课堂教学中，教师总是习惯性地"帮助"学生思考。

案例：

"圆的认识"教学片段一：

师：在圆心、直径和半径中蕴藏着许多知识。每个小组都有圆片、直尺、圆规等，请同学们动手折一折、量一量、比一比、画一画，可以自由探索，也可以根据老师的提示进行探究，相信大家一定会有新的发现。

大屏幕出示探究提示：

①同一圆中，有多少条半径？有多少条直径？

②同一圆中，半径都相等吗？直径呢？直径与半径有什么关系？

③圆的位置与什么有关系？

④圆的大小与什么有关系？

随后，学生分小组进行探究活动。我在巡视的过程中发现学生并没有多大的兴趣来完成这项探究任务，甚至有一个小组的同学说："这些问题太简单了，一看就知道结果了，根本不需要动手。"最后，学生的汇报也乏善可陈，我原本用心预设的精彩环节就这样草草收场。

为什么学生对本次探究活动没有兴趣？反思整个教学过程，我认为是自己提供的探究提示限制了学生的思维，剥夺了他们的"自主"权利。如果能让学生自己质疑，提出这些问题，然后采用小组合作学习的形式去探究，在共同的思考、合作、交流中去发现问题，并解决自己所提出的问题，效果一定比现在好得多。我想，这样的学习过程才是学生自主探索、自主学习的过程，这样的合作、探究活动学生才有兴趣。于是我在另一个班级调整了自己的教学方案，进行了第二次尝试。

"圆的认识"教学片段二：

师：在圆心、直径和半径中蕴藏着许多知识。关于圆你想知道什么知识呢？

生1：我想知道圆心、半径和直径都有什么作用？

生2：直径和半径之间会有什么关系呢？

生3：在一个圆里，我不知道有多少条直径、多少条半径。

生4：圆有大有小，这跟什么有关系呢？

……

我随后对学生提出的有价值的问题进行梳理，并出示在大屏幕上。

师：同学们发现的问题真多，而且敢于提出问题。那么大家能不能解决这些问题呢？现在请各小组合作，大家比一比，看看哪个小组解决的问题最多……

学生满怀信心地投入探究活动中，有量的，有折的，有画的，还有比的……学生积极、高涨的情绪甚至感染了我。在最后汇报的过程中，学生们也都抢着回答，整个课堂洋溢着和谐向上的气氛。

显然，第二次的教学课堂少了不该有的条条框框，多了应有的自由发挥。学生思维的闸门开启，迸发出了智慧的火花。

**2. 学生思维能力有限**

无独有偶，除了上述问题，在实际教学中，还有另外一种情况。下面以两段"认识'厘米'"的教学片段来说明。

片段一：我的课堂

师：请大家估计一下，1厘米有多长呢？可以用手比出来。

同学们，在直尺上，从0—1之间的距离，就是1厘米。1厘米有多长呢？可以用手比出来。

说一说，什么东西的长度大约是1厘米？（扣子、指甲等）

厘米可以用cm表示，那么1厘米也可以写成1cm。

我们一起来读一遍。(1厘米）

只见下面的学生坐得东倒西歪，有的在窃窃私语，有的在低头玩弄着什么，还有的……"怎么搞的？今天上课的纪律这么差？"看着凌乱的课堂，我冲学生发了脾气。

片段二：同事关于本节课的同课异构

师：0表示开始，从0到1是1厘米，请你用手比一比，1厘米有多长？(学生纷纷用手比着尺子上的1厘米……)

师：哪名同学愿意来展示一下1厘米有多长？

生1：老师，我可以带同学们做一个游戏，我的食指和拇指慢慢地靠拢，请大家来估算，什么时候大家觉得它们之间的距离大约是1厘米了就喊"停"。

生1展示，其他同学兴趣盎然地配合。

喊停后，教师用直尺量了量，学生睁大了眼睛。"啊，果真是1厘米，太神奇了！"

生2：老师，我也可以带同学们做一个游戏来感受1厘米的长度。请同学们闭上眼睛，用手比一比1厘米有多长。然后睁开眼睛，用直尺量一量，看看自己比得准不准。

听完生2的游戏介绍，全体同学跃跃欲试。

师：生活当中，哪些东西的长度大约是1厘米呢？尺子上除了0到1之间的距离是1厘米，还有哪儿到哪儿是1厘米呢？（生回答）对，相邻两个数之间的距离都是1厘米，赶快比给你的同桌看看。

在接下来的教学环节中，我发现学生对这一部分知识掌握得非常好。

这位同事的课堂上，学生有方法、有技巧、有思考、有兴趣，整个课堂彰显了数学教学的趣味与智慧。

以上这些片段是教学中非常常见的情形，却反映出了很大问题：其一，某些时候，教师会忽视学生的主体地位，导致学生缺乏独立思考的机会，使得课堂沉闷无趣，学生的思维能力也得不到发展；其二，学生缺乏分析问题的基本方法。那么在平时的教学中，教师该如何创设理想的数学课堂，促进学生思维能力的发展，又该如何指导学生学会学习，最大限度地发挥学生的潜能，使课堂更加生动高效呢？我想，只有教师不断更新理念、改进教学方式、创新教学手段、反思教学实践、凝练教学思想，才能达到理想的效果。而这个过程，便是独具个性的教学主张的形成过程。

说起教学主张，最开始我觉得只有教育专家才会有教学主张，对于普通的一线教师来说，这是遥不可及的事情。直到我有幸观看了余文森教授的讲座：教学主张——名师专业成长的必修课。余文森教授说，教学主张，是打开教师专业成长的"天眼"。提炼教学主张就是打造这只眼睛，发人之所未发，见人之所未见。至此，我明白了提炼教学主张就是寻找照亮自己经验的那个概念。我也可以去寻找照亮自己经验的概念，也能有自己的教学主张。

我希望自己的数学课堂是充满智慧的、富有灵性的，充满欢声笑语的、师生双向奔赴的。如何提炼教学主张才能表达出自己对数学教学的理解和期盼呢？我阅读了大量的资料，决定从"智慧"和"趣味"这类的关键词着手。

### （二）带着期盼出发的思想凝练

东北师范大学史宁中教授曾说过，数学教学的最终目标，是要让学习者会用数学的眼光观察现实世界，会用数学的思维思考现实世界，会用数学的语言表达现实世界。数学的终极目标是自然界的一切现象都可以用数学表达。我把这些话理解为数学会让人变得更加智慧。与此同时，我认为，兴趣是最好的老师。有兴趣、有乐趣是小学数学课堂教学一直倡导的重要理念。只有充分让学生"动"起来，课堂才会"活"起来，这样才能促使学生逐步从"学会"到"会学"，最后到达"好学、乐学"的境界，使学生体会到学习数学的乐趣，产生学习数学的兴趣。

综上，我找到了照亮自己经验的那个概念：智趣。带着对课堂教学美好的期盼，我确立了自己的教学主张：智趣数学。

教学主张确立后，我也查阅了大量的文献资料。关于智趣数学，众多教育专家也提出了自己独特的见解：

江苏省特级教师吴汝萍在《智趣数学，驱散"数学恐惧症"》一文中提及三大策略，指出好的数学教育一定是"智"归数理，"趣"归学理。

苏州市教师张美菊在《智趣数学——滋养儿童生命成长》一文中阐述了"智趣数学"的教学意蕴，即智趣育情、智趣育理、智趣育人。

王正义老师在《基于智趣数学的信息技术课堂应用研究》中指出：智趣数学，即学生喜欢的、有趣的且能引发思考的数学，是智与趣合一、情与理交融、有效与有趣和谐共振、深刻与生动相得益彰。

丰富的理论支撑自然让我欣喜，但我也发现独特见解的背后仍需要大量的教学实践验证，如果能有更多一线教学经验，我对智趣数学的理解会更加充分。基于此，我开始了自己的研究。

## 二、智趣数学教学主张的内涵和具体体现

余文森教授说过，教学主张是名师引领和统领教学的灵魂，是教学活动的导航器，它使名师的教学活动深深地烙上自己的色彩和痕迹，从而展现出独特的"韵味""格调""风貌"。

### （一）智趣数学的内涵

智趣数学，重点在"智""趣"二字。智由知和日组成。知为晓得，了解；日为白昼，光阴。二者合一为智，为智慧、聪明之意，也指知识。这里引申为融合智慧，开阔视野，拓宽课堂渠道，让学生学会创新，发展数学思维。趣由走和取组成。古汉语中走是跑的意思，要跑步去取的东西一定是急着用的东西，或者是特别喜欢的东西。现代汉语中趣为兴趣之意，包含旨趣、志趣等，也指趣味，韵味。这里引申为激发兴趣，崇智求真，唤起学生的学习兴趣，树立崇尚智慧、追求真理的信念。智，是我对数学教学的追求目标；趣，是我所希望的数学学习的模样。

智趣数学是洋溢着情趣、充满着智慧、呈现勃勃生机的数学。它结合

小学数学学科特点，依托小学生学习认知及心理特征，旨在培养学生的创造力和学习力，关注生命情怀；着眼于转"知"成"识"、转"识"成"智"的课堂，是学生生成智慧的数学。

**（二）智趣数学的具体体现**

智趣数学具体体现在三个方面：一是数学学科本身是充满智慧和魅力的。数学的魅力在于它的高度抽象性，它抓住了自然规律最本质的特征，是人类文明史中一个非常重要的部分。二是解决有挑战性的数学题目的过程是奇妙无比的。无论是祖冲之测定冬至点，还是围棋盘19路的由来、阿基米德对 $\pi$ 的研究、彩票中的数学问题，又或是从兔子繁殖引出的优选数列、洗衣服用水的合理方案等，无不反映了人们在解决这些问题中所彰显的智慧之光。三是数学与生活是息息相关的。数学源于生活，植根于生活，蕴藏在生活中的每个角落。数学也是解决生活问题的钥匙，是人们生活中必不可少的工具。

# 第二节　智趣数学教学主张的实践建构

智趣数学的教学主张确立后,我从课前、课中、课后三个方面实践建构这一教学主张。

## 一、课前活动

让学生带着兴趣和思考来上课,是教师们共同希望的,也是我努力在做的。课前活动,旨在唤醒学生的学习兴趣,为智趣数学增色。

### 方式一：阅读绘本——点燃学习兴趣与思维发展之灯火
**案例1：激发学生兴趣**

低年级的学生各方面能力还比较弱,但很容易通过阅读绘本这种方式进行思考和学习。为了激发一年级学生对数学的兴趣,在学习每个单元之前,我都会和学生一起阅读一本绘本。

学习第一单元之前,我和学生一起阅读了绘本《世界上最帅的猪》；学习第二单元之前,我们一起阅读了绘本《让谁先吃好呢？》；学习第三单元之前,我给学生讲了绘本《有想除掉的东西》；学习第四单元之前,我们共同欣赏了绘本《小熊一家和吵吵闹闹的怪物们》；学习第五单元之前,我给学生分享了绘本《我和爷爷的建筑之旅》；《寻找消失的爸爸》是在学习第六单元之前阅读的绘本；马上要学习第七单元了,我和学生又一起阅读了绘本《汪汪的生日派对》。无论哪次分享，学生都聚精会神地参与其中。有趣的是，第八单元我没有寻找到合适的绘本，学生便追着我问："老师，第八单元为什么不读绘本了？第八单元会有哪些好玩的知识和故事呢？会不会和前几个单元一样有趣？"

从这个案例中不难看出，课前绘本的引入，拓宽了课堂教学渠道，激发了学生学习数学的兴趣，并在绘本阅读的过程中提高了学生的表达能力、阅读能力和思维能力。

**案例2：引导学生创作**

世界万物大都是有规律、有秩序的，和数学有着千丝万缕的关系。绘本《乱七八糟的魔女之城》将找规律的数学知识完美地蕴藏在美妙的故事里。低年级的学生很容易通过阅读绘本这种方式进行思考和学习。数学绘本让学生从简单的故事或者美丽的图画中学到很多数学知识，体会到数学的魅力。

在阅读过程中，我先通过几个开放性的问题引导学生观察封面、读故事题目、猜想故事情节，激发学生的阅读兴趣。接着我让学生自由交流，有效活跃课堂气氛。故事的结尾，我请学生发挥想象力，续写故事的结局，并用绘画的方式表现出来。最后，我把全班同学的创作合在一起，变成我们班独有的数学绘本。学生总是满怀激情地投入创作。当拿起我们汇集成册的"不成熟"的绘本集时，学生露出了开心的笑容，并告诉我数学真有意思。

此案例再次向我们阐释：绘本阅读开启了学生学习数学的旅程，让他们对数学知识充满了兴趣。在这个过程中，学生的一系列思考、交流、表达、合作、探究活动，都对学生思维能力的提升有着重要作用。

## 方式二：小调查——趣味活动激发学生思考

六年级学生已经积累了丰富的数学活动经验，且有一定的社会交往能力。因此，我在六年级上册"百分数"这节课前设置了小调查，让学生对"儿童过度肥胖的主要原因"进行调查。

儿童过度肥胖的主要原因调查问卷

班级：_____ 姓名：_____

儿童过度肥胖是什么原因造成的？请你走访两名社区居民，将调查到的原因写在下面。

居民1认为的主要原因（只写一条）：_____

居民2认为的主要原因（只写一条）：_____

主要原因可从以下几方面选取：

饮食不合理（例如不吃早饭、暴饮暴食、营养不均衡、过度吃零食等）

缺乏锻炼　　基因遗传　　服用药物　　学习压力　　其他

你认为儿童过度肥胖有哪些危害？请查阅相关资料后写在下面横线上。

_____

_____

课上，我将学生课前调查活动的结果予以总结，同时也对学生的付出给予肯定。这样的小调查调动了学生的学习兴趣，让学生在做中学，激发了学生的参与热情和学习积极性。

## 二、课中教学

课堂是教学的主阵地，带着对智趣数学的思考，我大胆地探索和实践，旨在发展学生的思维能力，为智趣数学蓄智。

### 方式一：动手操作——让数学课堂智慧而有趣

#### 案例1：数花生

数学家华罗庚说：数(shù)来源于数(shǔ)。"数花生"这节课我安排了多种数数活动，让学生会数100以内的数，初步认识100以内的数，感知100的意义，在多样化的数数活动中，培养学生的发散思维能力。

课前，我请家长为学生准备好数数用的花生，花生的数量不等，且小于100。课上，我先让同桌的两人比较谁带的花生多，紧接着，在独立数数的基础上，进一步启发学生用多种方法数数，让学生通过大量的操作活动，不断经历各种数数的过程，培养学生的数感。而学生对这样的数学活动也乐此不疲,全身心投入。

动手数花生,学生感受到了数数的乐趣,且在多样化数数的过程中发展了思维能力,让数学课堂充满智慧,妙趣横生。

**案例2：动手做**

本节课是一节七巧板拼图课,学生通过本节课的学习进一步熟悉学过的平面图形,建立初步的空间概念。

课堂上,学生通过动手操作的形式自由拼摆图案。

在学生拼七巧板的过程中,我见到了很多有创意的图案：翩翩起舞的孔雀、机灵的小猴子、可爱的小鱼、精致的小房子、漂亮的王冠、美丽的小山、展翅翱翔的老鹰……学生在愉悦的氛围中边玩边学,不仅感受到了数学的魅力,更了解了图形之间的关系,建立了空间概念。对学生来说,每一幅图案都是他们创新的成果。这不正是智趣数学的体现吗？

**案例3：方程**

"方程"这节课是北师大版《数学》四年级下册的学习内容,依据"由浅入深、循序渐进、螺旋上升"的教学原则,我设置了三个问题情境,让学生经历从具体到抽象的过程,逐步学会用方程表示简单情境中的等量关系。在具体教学过程中,我增加了动手操作的环节,让学生经历建模的过程,特选取如下教学片段：

师：今天的学习就从天平开始。请认真观察,老师在天平左盘放1袋100克的小馒头,右盘放一个200克的砝码。（边说边操作）天平为什么不平衡了？

生1：因为左盘的100克小馒头比右盘的200克砝码轻。

师：你能用一个式子表示天平现在的情况吗？

生1：100<200。

师：不错！老师把它记录下来。（板书：100<200）谁能想个办法使天平保持平衡？

生2：在左盘加一袋100克的物体。

师：好主意！（在左盘放一袋100克的果冻）为什么此时的天平能保持平衡？

生2：因为左盘和右盘的物体质量相等。

师：原来这里有一组相等的数量关系。谁和谁相等？

生3：左盘中100克的果冻+100克的小馒头的质量与右盘200克砝码的相等。

师：真棒！你能用一个式子表示这组相等的数量关系吗？

生3：100+100=200。（板书：100+100=200）

师：像这样表示左右相等关系的式子，我们叫它等式。（板书：等式）

师：如果老师将左盘的物体和右盘的砝码调换一下位置，天平还能平衡吗？（学生答能）那如果我同时在左右两盘各添上20克砝码呢？

生：能平衡。

师：那同时减去50克的物体呢？

生：还能平衡。

师：不错，你们真聪明。谁能像这样在天平的左盘放一些物体、在右盘放一些砝码，使天平保持平衡？（学生上台操作）

师：你是怎么做到的？

生4：我在左盘放了一袋70克的瓜子，在右盘放了一个20克的砝码和一个50克的砝码。

师：很有想法！谁能用一个式子表示现在天平的状态？

生5：70=20+50。

《义务教育数学课程标准（2022年版）》强调："有效的教学活动是学生学和教师教的统一，学生是学习的主体，教师是学习的组织者、引导者与合作者。"上面的教学实录中，无论是教师直观操作还是部分学生操作并演示，都能引导学生主动思考并初步理解"等号左右两边的事物在数学上是等价的"，为方程模型的建构做好铺垫。

## 方式二：展示交流——让思维激情碰撞

### 案例1：包装

"包装"是北师大版《数学》四年级上册的一节课，重难点是探索小数乘小数的一般竖式计算方法，理解两个乘数共有几位小数，积就有几位小数。为了突破教学重难点，我设置了"名师展示台"，让学生在生生对话中理解新知。特选取如下教学片段：

（出示情境图）

师：观察情境图，你能获取哪些信息？

生：我知道了包装纸每米2.6元，彩带每米0.85元，问题是包装一个礼盒用0.8米长的纸，需要多少元。

师：信息表述得真完整！同学们，解决这个问题要怎样列式呢？

生：2.6×0.8。

师：为什么这样列式？

生：表示0.8个2.6是多少，所以用2.6×0.8来计算。

师：2.6×0.8应如何计算呢？通过昨天的自学，相信同学们都已经有了解决问题的方法，谁愿意来当小老师，将你的方法展示给全班同学？有请这名同学。

生1：我是用竖式计算的。(板书)我先将2.6×0.8看成26×8来计算，结果是208，因为把两个乘数都扩大到了原来的10倍，所以结果应该缩小到原来的十分之一。

生2：我纠正你一个问题，两个乘数都扩大到原来的10倍，积就扩大了100倍，所以正确结果应该是缩小到原来的一百分之一。

生1：我口误了，谢谢你。

生3：你为什么不将小数点对齐？

生1：因为积的小数位数等于两个乘数的小数位数之和，所以不对齐。

师：在大家交流的时候我也快速总结了问题，可以归纳为两个。我们再次和小老师交流，第一个问题是"你为什么要把2.6×0.8看成26×8来计算呢？"

生1：因为这样比较好算。只需要在最后的积上面点上小数点就可以了。

师：很好，这是数学上一种非常重要的"转化"思想，我们可以将很多不会的问题转化成已学过的问题，解决起来就得心应手了。第二个问题是"计算结果为什么是2.08而不是20.8？你是怎么确定小数位数的呢？"

生1：上节课我们已经学过，两个乘数的小数位数之和就是积的小数位数。

师：谢谢你带给我们的精彩展示！接下来，我们一起将题目补充完整。

师：包装礼盒自然少不了使用漂亮的彩带。瞧，还有一个问题等着大家来解决。(出示情境图)怎么列式?

生：2.4×0.85(教师适时板书)。

师：谁能快速估算一下结果?

生4：我把2.4看作2，把0.85看作1，结果约等于2。

师：我们估算出了积的大致范围。2.4×0.85究竟等于多少呢?谁能到前面来用我们刚刚研究的乘法竖式验证一下?有请小老师!

生5：(边计算边讲解)我将2.4×0.85先转化成整数乘法来计算，结果是2040，因为两个乘数的小数位数之和是3，所以积也应该有三位小数，是2.040。最后，要把小数部分末尾的0去掉。正确结果是2.04元。大家还有什么问题?

生6：积的小数位数是3位，你把0去掉，不就剩下2位了吗?

生5：这里0也占了一位数位。

生6：为什么不把小数点对齐，而把数位对齐呢?

生5：因为我们是将小数乘法转化成整数乘法来计算的，所以和整数乘法一样，只需要将末尾的数字对齐就可以了。

生7：为什么只在积上点上小数点，而竖式计算的过程中却没有小数点?

生5：因为计算的过程是转化成整数计算的，所以计算过程中没有小数点。

师：小老师的讲解很到位，我们也来总结一下。计算2.4×0.85时依然将小数乘法转化成整数乘法来计算。计算时，需要将末尾数字对齐，最后根据乘数的小数位数来确定积的小数位数。提出一个问题比解决一个问题更重要!我们将计算的结果和估算的积的范围对比一下，结果怎么样呢?

生(齐答)：很接近。

师：看来估算有它很大的价值，先估算出积的范围能够帮助我们检验计算结果，所以老师建议同学们在计算前先进行估算。

师：同学们，通过上面的学习你们认为用竖式计算小数乘法的方法是什么?要注意的问题是什么?

生：可以将小数乘法转化成整数乘法来计算，要注意两个乘数共有几位小数，积就有几位小数，积的小数部分末尾的0要根据小数的性质去掉。

师：总结得真完整，我们可以运用今天所学到的知识很好地解决问题了！同学们昨天预习的时候也都提出了一个用小数乘法解决的问题，让我们进行资源共享吧！请将你提出的问题拿给同桌做，做完后你当小老师批改他的作业！

对学生来说，解决有挑战性题目的过程是其乐无穷的。以上案例中，学生通过"名师展示台"，以小老师的身份上台讲解，与台下学生互动答疑，唤起了学生的学习热情，碰撞出了智慧的火花。学生的思考也由浅入深、由粗到精，原本枯燥的数学课堂也变得十分有趣。

**案例2：卫星运行时间**

"卫星运行时间"是北师大版《数学》四年级上册的内容，属于"数与代数"领域"数的运算"范畴。本节课的主要教学内容是三位数乘两位数的笔算乘法。通过课下自主学习、课上交流展示的方式，让学生在交流多样化算法的过程中通过旧知迁移理解算理、掌握算法。下面是其中一段教学片段：

师：同学们，昨天我们已经对本节课进行了自主预习，解决这个问题要怎样列式？

> 我国发射的第一颗人造地球卫星绕地球1圈需要114分。

绕地球21圈需要多少时间？

生：$114 \times 21$。

师：为什么这样列式？

（学生讨论）

师：$114 \times 21$ 究竟等于多少呢？通过昨天的自学，相信你们都已经有了解决问题的方法，谁愿意来当小老师，将你的方法展示给全班同学？

小老师：我展示的是第一种方法。（板书）

$$114 \times 20 = 2280$$
$$114 \times 1 = 114$$

$$2280+114=2394$$

小老师：我把21分成20和1，先用114×20=2280算出卫星绕地球20圈所需要的时间，再用114×1=114算出卫星绕地球1圈所需的时间，然后把两次的结果加起来。我的讲解完毕，大家还有问题吗？

生1：114×20=2280和114×1=114分别表示什么？我想请你再讲一遍。

小老师：没有问题。114×20=2280表示卫星绕地球20圈所需要的时间，114×1=114表示卫星绕地球1圈所需的时间。

生2：请问，你为什么要把21分成20和1？

小老师：因为114×21我不会算，所以把21分成20和1，分别乘114，转化成以前所学的知识，这样的话，问题就很容易解决了。

生3：你为什么把2280和114加起来？

小老师：2280是卫星绕地球20圈的时间，114是卫星绕地球1圈的时间，两者加起来就是卫星绕地球21圈所需要的时间。

生4：你讲得很清楚，如果再把单位带上就更完整了。

小老师：谢谢你的建议！这只是我的思考过程，在答题时我会加上的。其他同学还有问题吗？（环顾四周，无人举手了）谢谢大家！

此时，全班同学向这名有礼貌的小老师送去了热烈的掌声。

另一名小老师登台：同学们，我要展示的是列竖式的方法，请往这里看！

…………

这样反复地展示、交流、质疑、解答的活动还在继续。我只是站在讲台的一侧适时引导，整节课都很少说话。与以往的数学课堂相比，最大的区别在于今天的课堂学生踊跃发言，积极性更高。

从两段教学实录中我们可以看到，交流展示是解决学生学习内驱力的金钥匙。为学生搭建"名师展示台"，唤起了学生的学习热情。当学生成为学习的主人，课堂上不同的思维会碰撞出智慧的火花。这样的学习方式让学生思考得更深，研究得更透，发现得更多。这样的对话让学生的疑虑、困惑逐渐"柳暗花明"起来，轻而易举地解决了本课的教学重点和难点。

## 方式三：玩转教材中的数学游戏——品尝并享受数学之趣

打开小学数学教材可以发现，每册教材中都安排了不少数学游戏活动，但因课堂教学时间有限，一些教师舍不得把时间花费在游戏上，往往将这类游戏活动题当成普通的数学练习题简单处理。实际上，儿童在游戏活动过程中更能积极地探索与思考。游戏会让学生更有效地理解数学知识并获得轻松愉悦的学习体验。

例如，一年级"10 以内的加减法"的练习课。教师在课堂中把 10 张数字卡片发给一些学生（其中有两个 5），让学生玩"找朋友"的游戏。

游戏过程中遇到这样一个有趣的小插曲，一个学生举着数字卡片 2 问："谁是 2 的好朋友？"一个学生举着数字卡片 7 跑上来说："7 是 2 的好朋友。"一个学生举着数字卡片 8 跑上来说："8 是 2 的好朋友。"一见上来俩人，教师随口就问："谁是 2 的真朋友？谁是 2 的假朋友？"全班学生边指边喊："8 是 2 的真朋友，7 是 2 的假朋友。"举着数字卡片 8 和数字卡片 2 的两个学生手拉手成了一对好朋友。举着数字卡片 7 的学生有点不知所措，教师随即追问："谁是 7 的真朋友？"学生笑着大声回答："3 是 7 的真朋友。"学生在辨别"真朋友"与"假朋友"的过程中，明晰并有效巩固了 10 的加减法。虽然这只是个简单的游戏，但学生玩得不亦乐乎，铃声响过依旧不肯下课，直到每个学生至少玩过一次后方肯罢休。

其实，作为数学教师，我们不仅应该让学生玩转教材中提供的游戏，还应该将教材中的一些题目以游戏的形式呈现出来，让学生在玩中学，在玩中提高。例如"乘法"这节课，教材中有根据"阅兵方队"写出算式的练习，让学生进一步理解乘法的意义。

练习这一题时，教师请出 15 名学生，5 人一行，站成 3 行。同行的学生手拉手，依次高举过头顶向大家说："我们是 5。"这样，每个学生都能清楚地看到"3 个 5"，用加法运算是 5+5+5=15，用乘法运算是 5×3=15 或 3×5=15。接着，让方阵中的学生都向右转，再请同行的学生手拉手，依次高举过头顶向大家说："我们是 3。"这时，每个学生又清楚地看到"5 个 3"，用加法运算是 3+3+3+3+3=15，用乘法运算是 5×3=15 或 3×5=15。

将一些数学练习题改为游戏活动的形式，不仅学生喜欢玩，而且教学效果更佳。长此以往，学生自然会认为数学是好玩、有趣的，而且会越来越喜欢数学。

### 方式四：创新习题形式——兴趣与思维能力齐发展

**案例1：闯关游戏**

在低年级的数学课堂上，我设置了一种闯关游戏。

如下图，每一个卡通人物的背后都有一道习题，虽然习题还是课本上的习题，但"引导员"式的习题设置方式让学生眼前一亮，踊跃参与到活动中来。

由此可见，如果教师能用心将枯燥的数学习题变成学生喜闻乐见的闯关游戏形式，学生便会兴趣高涨，思维也会同时被打开，让教师重拾数学教学的"智趣"。

**案例2：纸牌游戏**

学生在一、二年级分别学习了加减法和乘除法，步入三年级后开始接触加减乘除混合运算，这就需要学生能够灵活掌握运算能力。在此基础上我设置了一项让学生既提高口算练习的兴趣，同时又锻炼口算能力的活动——纸牌游戏。

课上，我将纸牌游戏的操作过程通过多媒体给学生展示出来，引起学生的好奇心，同时还挑选了几名学生上台给大家做示范，学生都争先恐后地举手！

纸牌游戏的设置是对传统教学模式的改变。创新练习形式，以玩促学，让学生感受数学的魅力，不正是智趣数学的体现吗？

## 三、课后实践

好的教学能让学生的思维和兴趣延伸至课外。课后实践旨在培养学生的创新能力,为智趣数学助力。进行数学课后实践时,学生能积极地收集和运用证据设计调查和处理方案,并对问题展开讨论,然后试着为这些问题找出答案。这个过程可以培养学生的创新精神和实践能力,强化学生的科学探索精神,树立科学的价值观。

### 方式一:课外实践活动——促思维能力与兴趣共提升
**案例1:有趣的图形**

北师大版《数学》一年级下册"有趣的图形"这一节,需要带领学生感知平面图形。如何让图形变得简单、直观并且有趣呢?除了将整个课堂交给学生,借助操作活动帮助学生直观感知,我还将学生的奇思妙想延续至课外。当天晚上的数学实践作业就是让学生自己动手,用基本图形拼成自己喜欢的图案。第二天,我看到了许多简单却充满创意的作品。

学生作品

一幅幅充满童真的作品,带着我们飞向奇妙的数学图形王国。数学组教师筛选出了许多优秀作品,将其展示在教室外的长廊里,面向全校师生进行"数学创意拼"作品展览。

在课后简单的数学活动中,学生再次感知了平面图形的特征,拓展了空间观念,提升了动手操作能力和创新意识,更重要的是学生能在玩中学、做中学,感受数学的无限魅力。

**案例2:我为贫困山区儿童献爱心**

"我为贫困山区儿童献爱心"是我设计的一节关于小数加减法的综合与实践活动课,旨在加深对小数的意义的认识,进一步巩固小数加减法的计算方法。

课堂上,我设置了如下的问题情境:

(课件播放贫困山区儿童生活、学习图片)

> 大山里的好多孩子生活困难。我们的生活比他们幸福多了,我很想帮帮他们。

> 我们班可以策划一次义卖活动,把挣到的钱捐给贫困山区的儿童。

> 开展什么形式的义卖活动呢?

> 我们要好好想想,先制定详细的活动方案。

有了义卖活动的提议,我们开始分工合作,制定活动方案:

1. 人员分工:每组6人,其中小组长1名,负责整个活动的策划和安排;营销员3人,负责义卖前材料购置以及义卖中与顾客洽谈;收银员1人,负责义卖收钱;记录员1人,负责记录义卖收支数据。

2. 活动准备：以小组为单位购置义卖品，各小组准备计算器、记录单等。

3. 活动步骤及方法：先进行活动宣传，然后将提前购置的义卖品在校园里卖出并在《义卖情况统计表》中记录，统计出收支情况。

方案制定好之后，全班同学分工合作，在校园里开始了此项活动。

在本次实践活动中，学生进一步加深了对"小数的意义"的认识，巩固了小数加减法的计算方法。经历了收集、整理数据的过程，学生的应用意识和实践能力不断提高，更在观察、解决实际问题的过程中，感受到了数学与生活的密切联系，增强了问题意识、合作意识，提升了解决实际问题的能力。

### 案例3：创意拼搭

北师大版《数学》一年级上册"认识图形"这一节，是学生第一次正式接触几何体。为了让学生直观地认识这些几何体的特征，除了让学生在分类、观察、动手操作等活动中直观认识长方体、正方体、圆柱和球，我还将学生对几何图形的兴趣延伸到了课下——利用长方体、正方体、圆柱和球以及生活中接触过但教材暂时还未呈现的立体图形做起了创意拼搭。

第二天，学生兴奋地展示自己的拼搭作品，脸上洋溢着骄傲自豪的神情。于是我设置了"拼搭小明星"的展示台，让学生畅所欲言，充分表达自己的创意。

最后，我筛选出了许多优秀作品，将其展示在教室外的长廊里，面向全校师生进行"创意拼搭"作品展览，并邀请拼搭小明星向大家介绍自己的奇思妙想。

学生在这次操作活动中更加深刻地感受到了立体图形的特征，积累了认识立体图形的数学活动经验，在轻松愉快的氛围中学习了新的数学知识。

### 案例4：年级旧物市场

学完"元角分"之后，我组织二年级学生在操场上举办了年级旧物交易活动，目的在于让学生巩固元、角、分的知识，提升实践操作能力，进一步积累数学活动经验。在活动中，学生用实际行动倡导节约，反对浪费，把自己的玩具、图书、小工艺品等带到学校，和其他同学进行交易，愉快地做了一回"小老板"。

卖场上，学生做起生意来真是有模有样，一点儿也不输给专业的推销员。前来挑选、购买的同学和老师络绎不绝，聪明的"小老板"们将自己闲置的物品卖出去后，又用赚来的钱去买自己需要的物品。

通过年级旧物交易活动，学生提高了与他人交往的能力，体验了公平买卖的乐趣，还锻炼了理财能力，增强了对人民币的换算能力。

## 方式二：数学课外阅读——让学生在趣味阅读中增长智慧

苏霍姆林斯基说："如果学生的智力生活仅仅局限于教科书，如果他做完了功课就觉得任务已经完成，那末他是不可能有自己特别爱好的学科的。"

为使"每一个学生在书籍的世界里有自己的生活"，我将数学阅读纳入常规作业。同时，我也会以科学的方法指导学生学会数学阅读，并定期开展数学阅读交流会。对于低年级学生，我倡导他们在课余阅读数学绘本。这里我推荐给家长和学生两类绘本：习惯类绘本和知识类绘本。通过与学生一起阅读这些绘本，我充分体会到了数学阅读给学生带来的好处。

**1. 激发学生的阅读兴趣**

数学绘本是非常适合设计相关数学活动的读物，或做实验，或表演，或做手工，给学生提供了多元化的阅读体验。例如：绘本《一起一起分类病》中不仅讲到了分类，还涉及把集合元素组织化的内容，学生非常感兴趣。

**2. 提高学生的注意力与观察力**

阅读绘本的时候，学生会认真地观察图片、了解情节。对一年级学生来说，这无疑是培养其注意力和观察力的好办法。例如：阅读绘本《乱七八糟的魔女之城》时，学生被具有魔幻色彩的故事情节吸引，积极帮助故事中的公主攻破各种难关。在这个过程中，学生需要认真观察、集中精力思考，只有这样才能发现重复多次的现象或事物，体会简单的规律。

**3. 培养学生的语言表达和创作能力**

学生听、读绘本故事时，会把文字内容与图片建立联系，而且能够根据图片再把脑海中对图片的理解转化为文字表达出来。当续写（画）绘本时，学生就会启动大脑的创作能力，根据自己对图片的理解来编故事，而这种创作能力，正是我们最需要的。

**4. 培养学生国际化的视野**

数学绘本多是世界各地名家的作品，学生能够通过图像直观地看到世界各地的风土人情，感受世界各地人们的思维方式，开阔视野。例如：数学绘本《各国的早餐》中，通过对各国早餐的介绍，不仅让学生认识了分数的概念，还让学生了解了其他国家人们的生活习惯。

总之，数学阅读能够激发学生兴趣，丰富学生的数学素养，提高学生阅读数学文本的能力，培养学生主动获取信息、处理信息的能力，进而发展学生的思维能力。

## 方式三：设计研究性作业——兴趣与思维齐头并进

作业设计不应停留在对知识的重复模仿、机械记忆，而应针对不同的教学内容，打破单一的书面作业形式，多样化调动学生的学习积极性和主动性，凸显学生主体，变被动完成任务为主动探索研究，培养学生的创新意识与实践能力，从根本上提高学生的综合素质。在实际教学中，应注重做到以下几点：

**1. 设计内容生活化、活动主体化、形式多样性、过程探索性作业，让学生做问题的探索者**

在研究过程中，我和学生一起努力，创造出了许多落实新理念的作业方式。比如手工制作、游戏、调查、实验、写数学短文或日记、做小课题研究等。在学习圆的知识时，我以"中秋月儿圆"为主题，让学生画一幅有相关意义的图案，并在教室外的板报上展示，同时评出等级。学生很喜欢，完成得很棒。

**2. 设计分层作业，让学生做实践的成功者**

新课程标准倡导面向全体学生，而学生之间知识与能力的差异是客观存在的，因此我们在设计作业时，不能"一刀切"，而应该从实际出发，因材施教，针对学生的个体差异设计有层次的作业，让全体学生都有练习的机会，都能得到提高。在作业布置上，可以为学生提供作业"套餐"，允许学生自主选择，减少统一性，增加选择性。例如：国庆放假时，我给学生留"三星级"和"五星级"两种层次的作业题，要求每个学生根据自己的情况选择题目。"三星级"是针对大多数学生提出的，学生只要经过一定的思考都能够完成。"五星级"是针对学有余力的学生提出的。不同层次的学生在不同的要求中都能获得成功的体验。

### 3. 设计开放性作业，让学生做学习的创新者

学习是一个不断发现问题、分析问题和解决问题的动态过程。在作业设计中，我们应引导学生会思考、善思考、巧思考，强化学生的创新意识，设计出形式新、入口宽、解法活、策略多的题目。这类开放性作业为学生提供了广阔的思维空间。另外，开放性作业起点低、层次多、答案不唯一、策略多样化，学生能够选择适合自己的作业，充分践行"人人掌握数学，不同的人学习不同的数学"的思想。

### 4. 设计自主性作业，让学生做知识的建构者

学生是学习数学的主体，在作业设计中应尽可能地给学生提供自主探究、独立获取新知的机会，让学生体验探索与发现的快乐。因此，我们可以根据教学内容的特点和学生的实际情况，放手让学生自己设计、编写作业题。例如：在单元复习时，让学生整理单元知识，并根据整理的内容设计阶梯练习，分为三个阶梯：一级为基本题，可参照例题编写；二级为变化题；三级为开放、实践题，可以自己独立完成，也可以组成小组合作完成。

**案例1：六年级数学学科期末综合素质展示**

在学生以往的数学学习中，教师经常会遇到这样的问题：一是有的学生平时数学成绩一直很好，但在期末评价中由于紧张或其他方面的因素，没有考出真实的水平，学生很失落。二是有的学生平时数学学习习惯非常好，卷面书写不能准确体现出学生的数学学习习惯。三是学生对数学的爱好也不能在卷面上得到真实的反映。因此，六年级数学组教师从不同方面对学生进行了综合素质评价，其中有一项就是布置研究性作业，具体要求如下：

以班级为单位举行体现数学学科特点和毕业生形象的综合素质展示专场，允许自由结合，鼓励原创。形式不限，内容不限，可以是动态展示，如数学相声、数学歌曲、数学话剧等；也可以是静态展示，如数学漫画、数学拼图、数学小制作等。由学校领导和教师代表组成评委会，本着"重在参与"的原则，为展示内容做好等级评审。

《保护环境》演出现场　　　　《卖水》演出现场

本次综合素质展示，让全体学生参与进来，完整地实现了课程育人"教—学—评"一致的要求，激发了学生的兴趣、创造力和内在动力，解决了综合评价形式、内容单一的难题。

案例2：四年级数学学科作业设计

作业内容：借助网络、书籍等了解数字的由来，设计一份个性化的作业。

时间安排：

9月—10月上旬为阅读了解、收集整理阶段。

10月中旬—11月中旬为交流阶段。

11月下旬—12月上旬为自我设计阶段。

12月中下旬为交流、展示阶段。

此设计意在引导学生形成探索与研究的习惯，认识一个问题从产生到解决的过程。通过对问题全过程的了解，使学生明晰数学知识的现实来源和应用，在不断学习、探索、研究的过程中逐步形成正确的数学价值观。

这样的研究性作业，能够让学生在探究数学知识的同时，获得探究事物之间联系的基本方法，能够增强学生自主学习的意识。研究性作业给学生提供了独立思考和实践操作的机会，让学生用自己擅长的方式把自己的学习体验与认识呈现出来，充分发挥了学生的积极性和特长，培养了学生思维的广阔性与深刻性，为激发学生的创造才能奠定了基础。

附：典型教学设计

## "整理与复习"教学设计
### 郑州市金水区文源小学　穆桂鹤

**本课主要看点**：为学生搭建"名师展示台"，互动质疑，让课堂变得智慧而有趣。

### 教学内容

北师大版义务教育教科书《数学》四年级上册"整理与复习"。

### 教材分析

本节课的内容是在学习完第一单元"认识更大的数"、第二单元"线与角"和第三单元"乘法"之后进行的，旨在让学生通过回顾、整理、反思和练习等一系列活动对前三单元的内容进行梳理与巩固，完善认知结构，拓宽知识面，逐步形成自己的知识网络。在此基础上，让学生学会与人合作，共同提高。

### 学情分析

本节课是学生学习完前三单元之后进行的一个系统的整理与复习。在此之前，学生已经多次自己梳理所学知识，有一定的整理经验；四年级的学生敢于大胆表达、展示自我，是上好本节课的一个有力保障。

### 教学目标

1.在合作交流的过程中，系统整理学过的知识，形成网络。

2. 在回顾、整理、反思和练习等一系列的活动中加深对所学内容的理解，并进行梳理，完善认知结构。

3. 在数学学习活动中学会与人合作，并能与他人交流思考的过程和成果，获得成功的体验，建立学好数学的自信心。

### 教学重点
回顾、整理三个单元的知识点。

### 教学难点
在梳理知识的过程中形成知识网络，完善认知结构。

### 教学过程

**一、交流展示，建构提升**

**1. 小组交流**

同学们已经在导学案中用自己喜欢的方式对前三个单元的知识进行了整理，你是用什么样的方式进行整理的呢？接下来，请大家在四人小组内交流。

【设计意图】利用导学案，立足学情，通过自主整理、小组交流，真正做到"以学定教"，扩大自学反馈信息，最大限度地了解学生的知识整理情况，并进行有针对性的指导。

**2. 全班展示**

通过刚才的交流，每个小组都选出了一名知识整理得最好的同学，谁愿意和大家分享你的知识整理呢？

学生代表展示完毕，其他同学进行评价。教师针对学生的整理和评价进行适时引导。

【设计意图】利用学生已有的知识经验，用自己喜欢的方式在小组内进行合作交流，使不同思维层次的学生都得到发展。倾听和交流的过程，实际上是又一次梳理所学知识和向他人学习的过程。这种做法目的是给学生搭建一个自我构建知识、自我完善的平台，充分发挥学生的主体作用。

### 3. 总结提升

几名小代表展示了自己的"知识整理",结合整理和交流的过程,请你想一想,及时整理所学知识有什么好处呢?

## 二、知识检测,巩固提高

### 1. 小小引导员

几名同学知识内容整理得真好,大家的知识掌握情况怎么样呢?有几个引导员也想参与我们的学习活动,对我们进行检测,用你的行动欢迎他们吧!

【设计意图】该环节的习题设置覆盖了三个单元的知识点。用学生喜欢的动画人物做"引导员",在富有情趣的活动中提高练习效率。

### 2. 巧问妙答

老师知道同学们针对这三个单元的内容出了一些题目,谁愿意当小老师,用你出的题目考考全班同学?

【设计意图】请学生当小老师,用自己出的题目考大家,突出了学生的主体地位,调动了学生的学习积极性。

## 三、畅谈收获,布置作业

### 1. 谈谈收获

请同学们谈一谈学完这节课的主要收获有哪些。

【设计意图】对本节课的学习内容进行总结,帮助学生养成回顾反思的习惯。

### 2. 课堂作业

(1)画一个85°的角。

(2)计算:201×24。

### 3. 家庭作业

(1)请对你的"知识整理"进行修改,使其更完美。

(2)用你出的题目考考你的好朋友,并请你当小老师来批改他的作业。

【设计意图】从学生中来,再回到学生中去,前后呼应,使学生不断在自我完善中发散思维,产生认知飞跃,使课内学习与课外学习有效整合,达到教师的"教是为了不教的"目的。

**板书设计**

整理与复习

| 学生作品1 | 学生作品2 | 学生作品3 |

## "卫星运行时间"教学设计

郑州市金水区文源小学  穆桂鹤

**本课主要看点：** 为学生搭建"名师展示台"，互动质疑，展示交流，让思维激情碰撞，突出学生的"展示性"学习，让课堂变得智慧而有趣。

### 教学内容

北师大版义务教育教科书《数学》四年级上册第三单元之"卫星运行时间"。

### 教材分析

"卫星运行时间"属于"数与代数"领域"数的运算"范畴。教材内容先从"卫星运行时间"的问题情境中发现并抽象出数学问题，列出算式后进行估算，在交流估算方法的过程中引导学生确定积的范围；多样化算法的呈现渗透了乘法分配律、位值制和转化思想，在交流多样化算法的过程中通过旧知迁移理解算理、掌握算法。在此基础上，教材接着安排了"试一试"进行知识拓展。最后的"练一练"从基础练习到变式练习再到综合应用层层递进，在巩固知识技能的同时又培养了学生运用相关知识解决实际问题的能力。

### 学情分析

本节课的主要教学内容是三位数乘两位数的笔算乘法，在此之前，学生已经掌握了两位数乘两位数的笔算乘法。后续还将探索运算律以及四年级下册小数乘法和五年级分数乘法等知识。四年级学生具有一定的交流、表达、分析和思考能力，所以本节课我为学生搭建了"名师展示台"，旨在发挥学生的主观能动性。

### 教学目标

1. 通过独立思考、合作交流，探索、理解三位数乘两位数的算理，掌握三位数乘两位数的笔算方法，并能正确计算。

2. 通过教师引导，在交流估算的过程中确定三位数乘两位数积的范围，感受估算的价值。

3. 通过独立思考和同伴讨论，应用三位数乘两位数的知识解决简单的实际问题。

### 教学重点

探索并掌握三位数乘两位数的笔算方法并能正确笔算。

### 教学难点

探索并掌握三位数乘两位数的笔算方法并能正确笔算。

### 教学过程

**一、揭示课题，预习检测**

同学们，今天我们来学习"卫星运行时间"一课（板书课题）。

昨天我们已经对本节课进行了预习，这节课我们主要学习什么内容呢？（三位数乘两位数的乘法）

**二、出示情境图，提出问题**

（出示情境图）解决这个问题要怎样列式呢？（板书114×21）为什么这样列式？

【设计意图】在出示情境图之后让学生将此题完整地叙述一遍，以培养其良好的审题习惯；在列出算式之后交流意义，旨在让学生结合问题情境真正理解运算的意义，达到"知其然知其所以然"的目的。

## 三、"名师"展示，交流算法

### 1. 估算

卫星绕地球 21 圈大约需要多长时间呢？谁能快速估算一下结果？想好的同学可以和同桌说一说你的估算方法。

小结：我们估算出了积的大致范围。

【设计意图】此环节在培养学生估算意识、提升学生估算能力的同时为后面练习中运用"估算"检验埋下伏笔。

### 2. 展示

114×21 究竟等于多少呢？通过昨日的自学，相信你们都已经有了解决问题的方法，谁愿意来当小老师，将你的方法展示给全班同学？

预设：当学生展示课本第 1、2 种方法时，教师要肯定其将新知转化为旧知的思想。当出现第 3 种方法时，请学生进行介绍。当有学生展示竖式时，重点讨论，让学生说一说每一步的算理：第一步算的是 114×1，即绕地球 1 圈的时间；第二步算的是 114×20(2 在十位上表示 2 个 10)，即绕地球 20 圈的时间，结果是 2280(也可以说是 228 个 10)；最后把两个积加起来，114+2280，就是绕地球 21 圈的时间。

(教师规范板书竖式，在交流算法的过程中再一次引导学生理解算理)

我们将计算的结果和估算的积的范围对比一下，结果怎么样？

看来估算有很大的价值，先估算出积的范围能够帮助我们检验计算结果，所以老师建议同学们在计算前先进行估算。我们一起将题目补充完整。

【设计意图】请学生当小老师，呈现多样化的算法，突出学生的主体地位，激发学生的学习兴趣；之后重点研究竖式计算，从两位数乘两位数的笔算方法进行迁移，在探究算法的过程中引导学生明晰算理，以突出教学重点；竖式计算后将结果和估算的积的范围进行对比，以体现估算的价值。

## 四、巩固练习，技能拓展

同学们，让我们乘胜追击，用刚学的竖式计算的方法算一算！(出示：131×12)

你们认为乘法竖式计算要注意什么？老师这里还有 3 道充满挑战性的题目，相信也一定难不倒你们。

（出示：45×135、47×210、408×25）

稍后我还会请3位小老师上台讲解，请细心计算。

**五、应用辨析，解决问题**

3道极具挑战性的题目被你们勇敢地攻下了！让我们的小手休息一下，穆老师请你们当森林医生！（出示竖式）

聪明的森林医生没有计算就很快发现了计算结果是错误的，同学们想一想，他是用什么方法发现的呢？

同学们，这就是我们今天所要学习的内容——用竖式计算三位数乘两位数的乘法，学习它有什么用呢？对，不仅可以解决卫星运行时间的问题，还可以解决生活中多方面的问题，大家试一试吧！

（出示：学校要为一年级同学买新课桌。每张课桌42元，一年级共有120名同学，请你帮忙计算一下，学校一共需要付多少钱？）

**六、回顾总结，布置作业**

最后，请你来谈谈这节课的收获吧！

课下请大家收集一个生活中需要用三位数乘两位数的知识解决的数学问题，并把解决问题的过程记录在数学日记里。

【设计意图】对本节课的学习内容进行总结，帮助学生养成回顾反思的习惯。创造性的作业设计避免了单纯计算的枯燥，体现了学数学、用数学的思想。

---

**板书设计**

卫星运行时间

估：　　　　　　　$114 \times 21 = 2394$（分）

比2200分多

约2400分　　　　　　　　1 1 4

　　　　　　　　　×　　2 1

　　　　　　　　　1 1 4　→　$114 \times 1$

　　　　　　　　2 2 8　　　→　$114 \times 20$

　　　　　　　　2 3 9 4

答：绕地球21圈需要2394分。

**参考文献**

[1] 中华人民共和国教育部.义务教育数学课程标准：2022年版[S].北京：北京师范大学出版社，2022.

[2] 瓦·阿·苏霍姆林斯基.给教师的建议[M].杜殿坤，译.北京：教育科学出版社，1984.

[3] 余文森.核心素养导向的课堂教学[M].上海：上海教育出版社，2017.

[4] 余文森.教学主张：打开专业成长的"天眼"（节选）[J].基础教育论坛，2015(11)：21-22.

[5] 成尚荣.名师应当是思想者——谈教学主张与名师成长[J].人民教育，2009(1)：43-46.

# 第三章 黄春丽：本真数学

教师简介：黄春丽，杭州市求是教育集团（总校）教师，曾获得河南省教育厅学术技术带头人，河南省骨干教师，河南省优秀辅导教师，商丘市名师，商丘市优秀教师等荣誉；执教的『认识图形』荣获全国第十一届中小学信息技术与课程整合大赛优质课一等奖，『平均数』获郑州市优质课一等奖，『分一分（一）』获商丘市中小学教师技能大赛一等奖。撰写的论文多次在《小学教学》杂志上发表，主持或参与多项市级课题研究并形成相关成果。

茅盾先生曾经说过："幼稚粗拙是壮健美妙的前奏曲。"我的教学主张是"本真数学"，返璞归真的教学更能体现教学的本质，提高教学效率，促进学生发展。"本真"教学追求的是教学的"本"和"真"。抓住数学教材的本质，让学生经历数学知识的形成过程，促进学生思维的发展，特别是使学生能在课堂上学会清晰、深入、全面、合理的思考，从而达到创设真情境，促进真探索，提出真问题，做到真练习、真评价的教学效果。只有教师做到了本真数学的"深度教学"，学生才能做到"深度学习"，从而促进学生数学核心素养的发展。"本"就是抓住教材的本质，"真"就是促进学生真正地学习和思考。"本真数学"就是让学生学有用的数学，认清知识的本质，亲身经历数学知识的形成过程，成为求真之人、纯真之人，让教学达到"用教材之本，行育人之真"的境界。

```
                            ┌─ 读懂目标，抓住数学教材之本
            ┌─ 本真数学是真实的，用 ─┼─ 深耕教材，设计教学活动之本
            │  活教材，凸显数学本质  └─ 寻根问底，激发探究之真
            │
            │                      ┌─ 在观察感悟中读懂数学信息之真
            │                      ├─ 在动手操作中经历数学思考之真
本真数学 ──┼─ 本真数学是扎实的，紧 ─┼─ 在合作交流中升华数学本质之真
            │  扣课堂，启迪学生智慧  ├─ 在反思练习中深化数学应用之真
            │                      └─ 在综合实践中做好数学延伸之真
            │
            │                      ┌─ 抓住数学的本质美，启迪学生思维
            └─ 本真数学是朴实的，育 ─┼─ 运用数学的精密性，让思考在顿悟中升华
               人之真，唤醒儿童心灵  └─ 引入数学历史故事，激励学生求真
```

# 第一节 数学"失真"问题的探讨及分析

"本真"课堂是充满活力的课堂,但是现在的教学状况中有很多"失真"的问题,值得大家深思。

**问题1:机关枪式的"满堂问",看似热闹,却没有精准有效的启发性问题,不能激活学生思维,缺乏对数学本质的思考**

部分教师由于未能深入理解和分析教材,缺乏科学预设和精心组织课堂提问的题项,导致出现以下问题:一是课堂提问过于随意,系统性不强,难以聚焦重点知识。琐碎的问题会限制学生的思维空间,不但不能促进思维发展,反而会使之产生思维懈怠。二是课堂提问指向不明,模棱两可。学生难以弄清教师提问的意图,往往出现答非所问的现象,容易因没有回答正确而产生挫败感,教学效率低下。三是问题设计缺乏深度,不能有效引导学生深入分析与探究问题的本质,学生难以理解所学知识的来龙去脉。

比如,当学习"三角形稳定性"时,学生上完课之后都会记住三角形具有稳定性,平行四边形具有易变性。但是这两个概念的数学本质意义是什么呢?教师抛出这个问题后,从学生的回答就能发现学生对概念的本质没有明确清晰的认知。有学生说:"老师,我发现有的三角形没有稳定性!"因为这个学生手中的木架三角形有一条边是由两条小木棒钉成的,很不牢固。还有学生说:"这个车架虽然是平行四边形,但它是铁的,也有稳定性。"这样的回答就是由于学生没有理解"生活数学"和"学校数学"的本质区别。

从数学的本质分析，三角形的稳定性是指用同样长的三条小棒，围成的三角形形状、大小都是固定不变的。而用同样长的四条小棒所围成的平行四边形，形状、大小不是固定不变的，这就是平行四边形的易变性。

**问题 2：倾盆大雨式的"满堂灌"让学生丢失了自我反思和思考的空间，情境创设太做作、太失真，不能触及数学知识的本质**

新课程背景下，教师都明白"以学生为主体"的教学理念，但是落实到具体的教学行动上却又回归到了"一言堂""满堂灌"的保姆式教学模式，课堂上总是搀扶着学生"摘果子"，不舍得放手，也不舍得利用课堂时间让学生去探索。因为总害怕学生学不会，往往会事无巨细，对每个知识点、每个教学环节都要反复强调和"精雕细刻"。这种"以教师为中心"的传统教学方式虽然有其优点，即通过教师系统、细致的讲解，学生能够在较短时间内获得大量知识，但由于教师主导整个教学过程，学生的学习往往是在教师外部"驱动"下的被动接受，缺乏独立思考的机会，没有经历主动探索、建构数学知识的过程，并不符合教学规律，看似讲得多，实际上学生所得并不多。教学中若长期只采取这一种方式，势必让学生感觉数学学习枯燥乏味，学生的学习浮于表面，不利于学生深入理解数学的概念、规律和原理，更不利于学生运用数学知识解决实际问题能力的提升，学生创新能力的培养自然也就成为空谈。

此外，当前的数学教学重视创设一定的生活情境，这是很多教师惯用的做法。情境创设的目的是有效调动学生已有的生活经验和知识，试图激发起学生的兴趣，创设进入问题的途径，为新的学习提供必要的基础。但是有的情境创设太做作、太失真，不但不能触及数学知识的本质，反而对学生造成了一定的负面影响，产生了一定的干扰作用。数学知识的本质是一种创造、一种自由，但不是随心所欲地胡编乱造，必须符合现实，符合数学自身的结构。

比如，作为"开放性问题"的一个实例，一本数学教材曾提过这样一个问题：一个农民在送鸡蛋去市场的路上发生了车祸，尽管他本人没有受伤，但所有的鸡蛋都破损了。由于他事先购买了保险，因此立即前往保险公司索赔。后者要求他说出损失鸡蛋的数目，他说他不知道准确的数字，只记得以下的事实——当他把鸡蛋装进小盒时，如果成双地装，剩下 1 个；

如果3个3个地装，剩下1个；4个、6个地装，也是同样的情况；如果7个7个地装，则正好装完。问：(1)他有多少个鸡蛋？(2)这一问题是否只有一个答案？这样的情境创设得太失真了，不仅不能使学生更好地认识数学学习的意义，还会使学生感到数学是毫无意义、毫无乐趣的。

如果课堂教学中不能抓住数学的本质，不能展开引发学生探究深入的"真"思考，学生就不会在头脑中建立数学模型。学生头脑中的数学知识就宛如一盘散沙，不能形成"知识链"与"知识面"。

**问题3：轰炸式练习盲目低效、形式单一、内容狭窄，不能引发学生的思考，不能体现数学本质**

课堂练习是一种有计划、有指导的教学训练活动，练习的目的在于促使学生真正理解知识。然而在平时的教学中，我们发现数学课堂普遍存在着有效练习不足的现象。一是练习形式单一化。很多教师都会在数学新授课上因讲授"过度"而挤占练习时间，在练习课上或复习课中有些教师也是滔滔不绝，甚至把学生已经学习过的旧知当作新知来讲解，导致"说的比做的还要多"。二是内容狭窄，盲目多练。为了增加练习量，有的教师不仅要求学生一题不落地完成教材所有习题，还会另有补充，结果自然是学生难以完成。三是机械重复，缺乏弹性，不考虑个体需求。由于缺乏精心选择和设计创编，训练内容重知识、轻能力，且大多是同一水平上的机械重复训练。学生学习单靠死记硬背和机械化训练，使得数学课堂逐步"失真"，缺少生机。认知心理学认为，如果学生是机械学习，而不通过有意义的学习过程展开智力活动，促进学生探究数学的"真"思考，那就难以形成新的认知结构。

有的教师在计算课教学中只强调计算方法，让学生记住方法，然后大量去练习。这样的机械化训练，学生的计算能力虽然能够得到提高，但是对于算理的理解却模糊不清。

我做过这样一份调查问卷：

从四年级的700名学生中随机抽取了100名，进行"除数是两位数的除法"计算能力的测试。A卷主要考查学生对计算方法的掌握情况，有$932÷30$、$408÷59$、$120÷18$等15道不同类型的算式题；B卷则主要考查学生对算理的理解情况，题如：怎么计算$945÷32$？写下你的思考过程。

在计算 273÷34 时，把 34 看作（　）来试商，商（　）与 34 相乘得（　），比 273 多（　），说明商大了，应改商为（　）。

测试的结果是：A 卷学生的正确率高达 98%，而 B 卷学生的正确率只有 22%。"会算法而不会说算理，或者说不好算理"的现象比比皆是。这就是对计算教学不求甚解，只靠机械化训练而造成的后果。而感悟算理和掌握算法是计算教学的两大任务。算理是算法赖以成立的数学原理，是算法的理论基础，算法是解决问题的操作程序，是算理的提炼和概括。

如果能在一定的教学思想和理论的指导下，依据科学的教学策略和练习模型，精心设计有层次、针对性强的练习，不仅可以帮助学生进一步深入理解数学的概念、规律和原理，还可以提升学生运用数学知识解决实际问题的能力。

**问题 4：欠缺失败、错误的反思和整理错题源、辨析错题点、分析错题原因的教学，使得学生缺乏对数学本质的深刻理解**

数学课堂教学中，教师都非常重视知识点的讲授和训练，课后也会辅以大量的习题，帮助学生加深课堂学习知识的理解和运用，但对学生练习的反馈普遍不够重视，尤其是学生作业、考试中的错题。虽然大部分教师都会要求学生单独订正、集体评讲订正或个别面批，但很少有教师愿意花时间在课堂上组织学生深入分析错题，查找出错原因，并认真整理分析这些错误来源，深入查找产生这些错误的原因，没有引导学生学会反思自我，让学生缺失了从错误中认识自我、提升自我的机会。其实，学生在作业或考试中做错题不可怕，可怕的是教师和学生不知道为何会做错。学生出错可能真是粗心造成的，也可能是由于数学概念、规律和原理理解不透彻或思维过程不严密及方法技能没完全掌握造成的。如果因为怕影响进度而对错题"视而不见"，忽略了错题的反思、整理、归纳，学生势必会陷入反复出错的境地。

教师要在课堂上充分发挥学生的主动性，鼓励学生在自主探索中掌握数学本质，找到学习的乐趣。只有不断激发学生自主求知的动力，才能真正唤醒学生内在的学习潜力，促进学生积极主动地去学习。

解放人的智慧，提升人适应未来、创造未来的能力是教育的根本目的。教师应该不断提升自己，追本溯源，充分挖掘数学教材的本质，打造具有数学味的本真数学课堂。本真数学的课堂教学应该是真实、朴实、扎实的。

基于以上分析，我提出了本真数学教学主张。

# 第二节　本真数学的内涵及价值

## 一、本真数学的内涵

"本"就是抓住教材的本质,"真"就是促进学生真正地学习和思考。"本真数学"就是让学生学有用的数学,认清知识的本质,亲身经历数学知识的形成过程,成为求真之人、纯真之人,让教学达到"用教材之本,行育人之真"的境界。"本真数学"的课堂教学应该是真实、朴实、扎实的。

本真数学就是引导学生用数学家的眼光看待各种事实和现象,帮助学生逐步学会从数学的视角理解各种数学活动的意义,包括概念的生成、分析与组织,数学问题的提出与解决,各种算法的总结与应用等。我们在数学课堂上追求的并非生活经验与日常技能的简单积累,而是一种更高层次的应用,那就是抓住数学本质的学习活动。数学学习并非一种"同化",即如何将新的学习内容纳入主体已有的认知结构中,而是一个"顺应"的过程,是主体对已有的认知结构进行重组以适应新的学习内容的活动。数学教学只有抓住数学的本质和灵魂,才能真正达到培养学生数学核心素养的目标。

## 二、本真数学的价值

数学教学应该让学生一天比一天聪明。本真数学教学主张的价值就是抓住教材之本，关注课堂上学生学习的思维之本，促进学生真思考、真学习，具体价值体现在以下几点：

### （一）本真课堂，走向常规的数学教学

数学学习需要一种刨根问底的精神，需要对数学本源、源头求索的溯源精神，让学生通过现象找本质，打破砂锅问到底，对知识不仅知其然更知其所以然。在常规教学中，教师须呈现数学的本真，让学生经历数学概念的形成过程，数学方法的演绎过程，问题解决的探究过程。数学的起源和发展无时无刻不与我们的生活紧密联系在一起。因此，在常规教学中，联系儿童生活和社会经验来展开学习活动是极其自然的事情。教师要有意识地把数学的一些概念、法则、性质、定律等要素寓于学生熟悉的生活情境与现实问题中，以形象、具体、生动可感的生活内容与形式为载体，呈现数学知识、传输数学信息、提出数学问题，并引导学生身临其境，投入其中。学生人格的健全、德行的完美、素养的提升是教育的终极追求目标。教学的关键不在于对教学技巧的探讨，而在于对教学本质的真正理解，以德、善、美为引领，重构教学生活，让教学闪烁着价值追求的光辉。

教育本质上是追求德善美生活的行动，承载着人类对崇高价值的追求。人的需要是学习行为发生、学习意义获得的依据。本真数学的课堂上充分体现以学生为中心，让学生的学习与思考在课堂上真正发生。这样的课堂教学不仅停留在技术层面，而且将学生导向对真理的认识和对崇高人生价值的追求，让每一个受教育的人都能尽情地享受生命的美好和人生的幸福。

### （二）用数学的趣引导学生探寻数学之真

捷克著名教育家夸美纽斯指出，找出一种教学的方法，使教员因此可以少教，但是学生可以多学；使学校因此可以少些喧嚣、厌恶和无益的劳苦，多具闲暇、快乐和坚实的进步。本真数学的价值在于让学生感受数学的思想方法。在教学中，教师要善于发掘数学本身所蕴含的智趣、情趣、理趣，

用数学精神、数学文化滋养学生的生命，有效地引导学生经历知识形成的过程，让学生在观察、实验、分析、抽象、概括的过程中体验知识背后所负载的方法、蕴含的思想，让学生在探寻数学"本真"的过程中走入数学的核心地带，感悟数学的魅力。

### （三）本真数学在数学活动中彰显数学本质

数学教学活动的本质是所有行为、动作的总和，而本真数学既显现出数学教学本身的特点，重视学生在数学活动中的发展，又凸显了学科的本质，重视学生想象、联想、推理等思维能力的提升，激发了数学活动的活力和张力。教师在常规教学中能真正做到把数学教学设计成数学活动的教学，把数学活动的教学设计成数学思维的教学，把数学思维的教学设计成学生成长求真的数学。在关注知识本质、关注学生成长的过程中，内化知识与技能，积累活动经验，形成数学素养。

我国著名数学家吴文俊曾经这样说："假如你对一个知识领域的发生和发展，对一个数学知识点的来龙去脉，对一种数学思想的诞生历程等因素都弄清楚了，你对数学的现状乃至未来就会更加清晰、更加深刻。"这就是数学的"本"。所谓"本"，就是知识的"起源"。只有抓住数学知识的"本"，才能上出数学的"魂"；只有引导学生追本溯源，才能让学生的数学思维走向深刻。

### （四）本真数学在数学文化中实现育人之真

随着信息技术的发展，很多电子产品冲击着学生的思想世界，有的学生沉迷于游戏不能自拔，有的学生变得浮躁、任性，缺乏上进心、不服管教。因此，教师要在数学课堂上抓住数学文化的精髓，唤醒学生的心灵，激发学生奋发向上的斗志，用数学的严谨性、精确性，用我国悠久的数学文化去感染学生、启发学生，让学生形成正确的价值观，改变学生的坏习惯，培养学生严谨刻苦的求学精神、认真踏实的学习态度、积极向上的学习心态。

# 第三节 本真数学的实践与探索

本真数学的整体建构基于学生的知识经验、生活经验，遵循学生的年龄特征和心智发展规律以及数学教学的特性。坚持本真数学的教师在深刻解读教材、抓住数学本质的基础上，引导学生体验数学知识的形成过程，发展学生的能力，促进学生真思考、真学习、真操作、真练习，从而形成良好的数学素养。

## 一、本真数学是真实的，用活教材，凸显数学本质

本真数学课堂通过精心设计教学问题，层层追问，激发学生的思考，拓展学生的思维，并带动具体数学知识内容的教学，利用数学教材的本质把数学课真正"教活""教懂""教深"，帮助学生真正理解所学的数学内容，达到学以致用的目的。

### （一）读懂目标，抓住数学教材之本

教师在进行课堂教学设计时会遇到这样几个问题："这节课要教给学生什么？""学生要学会什么？""要把教材内容分解为几个部分来组织教学？""分解教学内容的依据是什么？"回答这些问题都涉及一个重要概念——教学目标。"教什么"是指教学目标的制定。教师依据《义务教育数学课程标准（2022年版）》的阶段目标和学段目标，确定本节课知识点

的具体目标，围绕教学目标精心设计教学活动。教学目标关系到课堂教学的质量和方向，是课堂教学的关键点。在确定一堂课的教学目标时，既不能单纯地考虑认知性目标，也不能将发展性目标制订得面面俱到，要在对教学内容和学生状态等方面分析的基础上有机整合，制订三维目标。教师不仅要关注学生知识、技能的获得，更要重视学生学习的过程，使学生既掌握知识与技能，又获得情感、态度、价值观的发展。

比如，当学习"元、角、分"时，由于大多数学生都有用钱买东西的生活体验，已经认识元、角、分等各种纸币和硬币，一些学生还懂得元、角、分之间的简单换算。上这节课时如果再把教学目标定在"认识元、角、分"上，可能不符合学生的认知规律，定为"会进行元、角、分之间的换算"则可能更符合学生的实际。在接下来的教学中，采取几个步骤、怎样激发学生的兴趣、如何设计有梯度的练习等环节就有了明确的指向性。

课堂教学应该抓住数学的本质，呈现的内容不要过多。清晰的目标对学生的学习思路可以起到提纲挈领的作用，能够引导学生抓住数学本质深入思考，让学生学会自主学习。

## （二）深耕教材，设计教学活动之本

教材的深度是指某一学科知识纵向发展的深浅程度。教学的深度要把握一个限度：教学内容过深则学生不能接受；而教学内容过浅又不能使学生全面深刻地理解所学知识，更不能很好地开发学生的智力。所以，适当对教材内容进行深度和广度的挖掘，丰富教学策略的内容，对开发学生智力和培养学生能力是非常必要的。

当学生学习了三角形内角和是180°以后，教师分别出示四边形、五边形、六边形，让学生猜测它们的内角和是多少度，有什么规律。

师：我们先来研究四边形内角和是多少度。沿着四边形的对角线将图形分成尽可能少的三角形时，那么四边形可以分成几个三角形呢？

生：两个。

师：我们可以给它取个名字，就叫作一分为二求和法。比较一下一分为二求和法和前面的量角求和、折叠求和，你有什么发现？

生：老师我发现这种方法不是对原来方法的重复，而是在肯定三角形内角和的基础上利用已有知识解决了新的问题。

师：你真的很棒！你有一种成果意识和工具意识。我们知道三角形内角和实际上是多了一个小工具，知道了四边形内角和之后又多了一个小工具，那么五边形内角和是多少度呢？请大家来分分看。

这时候有学生把五边形分成了三个三角形，很快算出五边形内角和是540°，也有学生把五边形分成了一个四边形和一个三角形。其实这两种方法可以归纳到一种方法上去，也就是一分为三求和法。

师：那么请同学们接着往下说，六边形、七边形、八边形……知识是无穷尽的，把这些问号连成一串，你们会发现什么规律吗？

生：四边形一分为二，五边形一分为三，六边形一分为四，七边形一分为五，八边形一分为六。

师：那么请你猜一猜十二边形的内角和是多少度？你能很快算出来吗？

学生因为有了前面的基础，很快就算出了十二边形是一分为十，所以十二边形的内角和就是 $180°×10=1800°$。

通过教师的分析引导，学生得出规律：多边形内角和 =( 边数 $-2)×180°$。这同时也提醒学生认识数学学习中的一种重要思想——转化。这里通过三角形内角和等于 $180°$ 的规律，对原来的问题做进一步的推广，让学生充分利用转化思想去深入思考数学问题。

为了培养学生的数感，让学生更多地接触和理解现实问题，教师须有意识地将现实问题与数量关系建立起联系，让学生面对现实问题时能选择恰当的方法去解决，并对结果的合理性做出解释，同时也使已经具备的数感得到进一步的强化。

### （三）寻根问底，激发探究之真

著名数学家华罗庚说过："数缺形时少直观，形缺数时难入微。"数学上利用数形结合的方法可以让复杂的问题简单化，抽象的问题具体化，有助于增强学生的数学素养，提高分析问题和解决问题的能力，因此数与形完美结合，能够使学生在"建构"知识的同时轻松、快速、清晰地表述算理，提高学习效率。在教学中，教师可以引导学生借助学具和图形，通过摆一摆、比一比等活动理解并解决问题。

比如，学习圆锥的体积时，为了让学生理解圆锥体积和圆柱体积之间的关系，便于总结和记住圆锥体积的推导过程，教师课前让学生用硬纸板动手做了一个圆柱体和一个与它等底等高的圆锥体，并从家里拿来大米作为教具。

师：请同学们先把大米倒在圆锥体容器里，认真观察一个圆锥体到底能装多少米？

生：我发现这个圆锥体装的米很少。

师：现在把圆锥体容器里的大米倒在和它等底等高的圆柱体容器里，仔细观察圆柱体容器的刻度，你发现了什么？

生：我发现把圆锥体里面的大米倒进圆柱体里，大米的位置只到圆柱体容器刻度的三分之一处。

师：让我们接着做实验，继续观察一共倒了几次才能把圆柱体容器倒满。

生：我发现倒了三次正好把圆柱体容器倒满。

师：谁能通过实验找到这个圆柱体容积和圆锥体容积之间的关系呢？

生：我发现一个圆柱体的容积等于和它等底等高的圆锥体容积的三倍。

师：你真是一个既善于观察又善于思考的孩子，那么谁还能换一种说法来表达这个意思。

生：圆锥体的体积等于和它等底等高的圆柱体体积的三分之一。

学生通过动手操作，明白了一个圆锥的体积等于与它等底等高的圆柱体积的三分之一。

师：请同学们认真观察并比较圆锥和这个与它等底等高的圆柱之间的区别与联系，你们又有什么新发现呢？

生：我发现这个圆锥和圆柱的底面积相等，高也相等，但是这个圆锥的体积却是圆柱体积的三分之一。

师：这个圆柱的体积公式是如何推导的，还记得吗？

生：圆柱的体积等于底面积 × 高。

师：那么这个圆锥体积的公式应该如何总结呢？

生：圆锥的体积应该是底面积 × 高 × $\frac{1}{3}$。

这个环节通过让学生动手操作，抓住数学的本质特点，利用了比较策略和转化思想。比较是数学教学中的一个重要的方法、策略。人们对所学知识的理解取决于学习者聚焦于事物的关键特征。通过比较圆锥和圆柱这两个立体图形的相同点和不同点，聚焦圆柱和圆锥独有的特征，体会两者之间的关系，便于学生抓住数学的本质，深刻体会并经历数学公式的形成过程。

## 二、本真数学是扎实的，紧扣课堂，启迪学生智慧

用教材之本，行育人之实。教师要在课堂教学活动中引导学生进行观察、实验、分析、抽象、概括的过程中，积累数学活动经验，提升数学思考能力，改进已有的表达方式和解题方法，让学生在数学学习中不断优化自己，提升自己，从而学会真思考、真学习、真练习、真质疑、真评价，促进思维能力和创新能力发展。

### (一) 在观察感悟中读懂数学信息之真

数学教学活动必须激发学生兴趣，调动学生的积极性，引发学生思考，要注重培养学生良好的学习习惯，掌握有效的学习方法。

比如，学习"小数的初步认识"一课时，一些教师认为这一知识点学生已有一定的生活经验，不需要怎么教。这个错误认知导致学生学习后仍然对小数的认识不深刻。课上到最后，学生仍存在困惑："我们都学习了整数，为什么还要学习小数？""为什么十分之一米就是 0.1 米呢？"这就要追溯到小数产生的必要性和小数产生的过程。人们在度量物体的过程中，总是把容易感知、经常接触的量作为合适的单位，如 1 斤、1 尺、1 元等。但日常生活中还需要比"1"更小的计量单位，如尺以下的寸、分；斤以下的两、钱；元以下的角、分等。根据小数的产生过程，我在教学中从实际测量入手，给学生创设一个动手测量的情境，让学生在测量物体的时候发现有量得的长度比整数米多一些或者少一些的度量情况，产生用新的数来表示的需求。这一过程，让学生于活动体验中深刻感悟小数产生的

必要性。此外，小数的本质就是十进制分数，是对整数的延伸。这一本质教师不能简单地告知学生，而要在教学中联系生活中的货币、长度单位等帮助学生去理解。课堂上可以出示用正方形表示的"1"，并通过分一分、涂一涂等活动，引导学生学会一位小数的图形表征方法，获得对小数意义的理解。这样的教学设计能帮助学生建立"零点几就表示十分之几"的认识，还有利于学生深刻感受分数、整数和小数的内在联系，促进学生对小数知识本质的深入理解，使得知识学习深刻而有意义。

**（二）在动手操作中经历数学思考之真**

有效的数学学习活动不能单纯地依赖模仿与记忆，动手实践、自主探索与合作交流是学生学习数学的重要方式。"道虽迩，不行不至；事虽小，不为不成。"教师在课堂上要引导学生面向实际，深入实践，才能悟出真知。在讲授新课的过程中，有些教师只注重知识的准确性，就课本讲课本、就例题讲例题，忽视了举一反三，触类旁通。辩疑是在设疑的基础上促进思维发展的一种有效途径，通过辩疑使学生的大脑展开丰富的想象，从而培养学生的创新能力和综合分析能力。

比如，在一年级学习"认识图形"的时候，我创设了很多动手操作的情境，让学生从动手操作中充分感知面和体的关系，从而理解面的含义。

**活动一：找一找**

让学生观察桌面上的物体并摸一摸，然后与同桌互相交流，说一说自己分别摸到了什么形状，引导学生初步感知这些平面图形，然后课件演示"面从体上"滑下，加深学生对"面在体上"的理解。

通过让学生动手、动脑、动口来感知平面图形，并借助课件的动态演示，进一步揭示了体和面的关系，帮助学生建立了平面图形的空间观念，从而突破了本节课的难点。

**活动二：在分类中认识图形**

（课件展示机器人图片）在这个机器人的身上有你认识的图形吗？你能给它们分类吗？

请同桌之间先互相说一说，再请一些同学上台展示自己分的过程，并说明理由。

生1：长长的是长方形，放在一起，方方的是正方形，放在一起。

生2：有三个角的都是三角形，所以要放在一起。

生3：三角形有三条边，长方形和正方形都有四条边。

…………

根据学生的回答，教师将每种图形的样图在黑板上各粘贴一张。随后教师用课件直观再现了学生分类的过程，并及时对平面图形的概念进行总结，使学生的思路更清晰，加深学生对这些图形的认识。

课堂教学中精心创设情境，让学生积极参与其中，亲身体验面的形成过程，可以帮助学生建立平面图形的空间观念，培养学生学习的自主性和创造性，也体现了以学生发展为本的课程价值观。

### （三）在合作交流中升华数学本质之真

数学家波利亚曾说："如果一个学生从来就没有机会去解决一个他自己所发明创造的问题，那么他的经验是不完整的。"教师可以向学生示范如何从一个刚刚解决的问题中引出新问题，以引起学生的好奇心，也可以留一部分创造发明的空间给学生。

在复习"在同一平面内两条直线不是相交就是平行"这个知识点时，展开讨论这样一个话题：如果两条直线互相平行，然后逐步靠近，最后重合在一起，你认为这两条直线还互相平行吗？

生1：我认为它们互相平行，因为我刚才用手比画了，它们还是两条平行线。

生2：我反对。我们应该从数学的角度去思考这个问题，请认真读两条直线互相平行的概念：在同一平面内不相交的两条直线叫平行线。既然两条直线不相交，那么这两条直线一定没有交点对吧！那么当两条直线互相重合之后，你认为它们之间有没有交点呢？

生3：对，两条互相重合的直线不仅有交点，而且还有无数个交点。所以我也认为互相重合的两条直线不再是互相平行的关系了。

生1：那你认为它们之间是相交的关系吗？

生2：我认为它们也不是相交的关系，因为我们可以从相交的数学概念本质去分析：在同一平面内两条直线相交于一点，这两条直线就是相交关系。而重合后的两条直线就会有无数个交点，那它们就不符合相交的定义了。

生1：那我们数学书上说的"在同一平面内两条直线不是相交就是平行"这句话是不是就不对了，不够严密了？因为还有"重合"这种现象没有包括在内。

师：这个问题很有价值，请大家站在数学概念本质的角度去深入思考这个问题，把握数学之"本"，我们才能找到真理。

生4：你的观点我反对，因为当两条直线重合在一起就只剩一条直线了，就不存在两条直线了。所以"在同一平面内两条直线不是相交就是平行"这句话是对的。

师：对！抓住数学的本质去思考，道理总是越辩越明的。只要我们深刻理解概念的本质，这样的问题就会迎刃而解。

这个"本真"数学问题的探究学习更加凸显数学严密的逻辑性，让学生利用数学的本质去深入思考问题、解决问题。在人类了解宇宙的诸多途径中，数学是最接近真理的捷径之一。这就要求教师在平时的备课中一定要深耕教材，巧妙设计具有讨论价值的问题，让学生在课堂上利用数学的概念之"本"，利用"求真"辨析的思考过程，真正达到对数学知识本质的透彻理解。

苏霍姆林斯基曾说过，学习如果具有思想、感情、创造、美和游戏的鲜艳色彩，那它就能成为孩子们深感兴趣的和富有吸引力的事情。课堂上积极创设生动有趣的游戏活动，润物细无声地唤醒学生对本节课的认知，并在对数学本质特征的追问过程中产生新的、直指数学本质的问题，推进学生思维向更深处漫溯。

在"认识图形"这节课中，为了让学生对这四个平面图形有进一步的认识和区分，我设计了这样几个小游戏：

**游戏一：找不同**

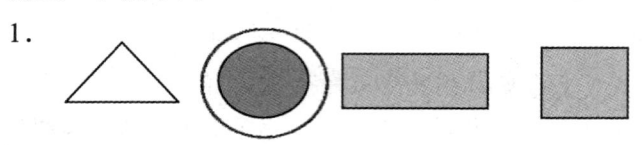

1.

2.

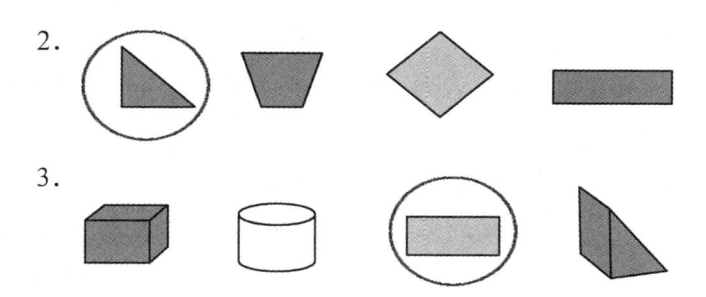

3.

图中每组出现四个图形，请你找出一个与其他三个不同的图形。

第1组是让学生区分曲边图形与直边图形；第2组是让学生初步感知三角形与四边形的不同；第3组是让学生区分立体图形与平面图形。

**游戏二：猜一猜**

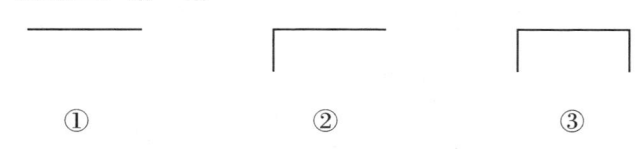

① ② ③

1. ①号图形为什么不能是圆？

2. ②号图形可能是一个什么图形？

3. ③号图形到底是正方形还是长方形？

通过第1个问题让学生明白圆是曲边图形；通过第2个问题让学生初步感知三角形、正方形、长方形的特征；通过第3个问题让学生在头脑中区分正方形与长方形。

**游戏三：连一连**

让学生根据提示的面找立体图形，进一步感受到面在体上，从体上找面。

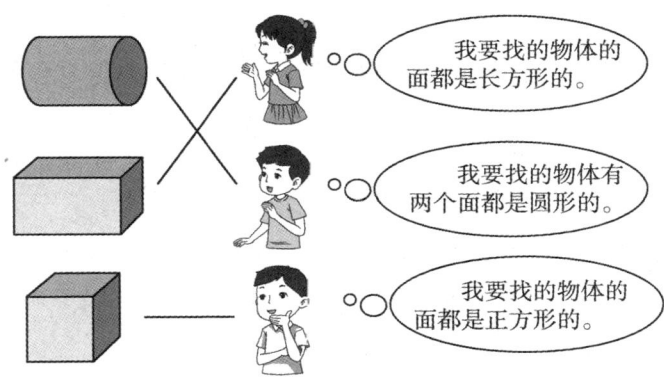

我要找的物体的面都是长方形的。

我要找的物体有两个面都是圆形的。

我要找的物体的面都是正方形的。

丰富的情境设计可以优化课堂教学效率，培养学生的归纳、概括和推理能力，同时有效集中了学生的注意力，达到了学生广泛参与的课堂效果。

**（四）在反思练习中深化数学应用之真**

教师要在课堂教学中为学生提供一个表达数学思想方法和情感的机会，使学生从机械性、重复性的题海战术中解脱出来，在练习中找到学习数学的乐趣。同时也培养学生留心观察身边事物的习惯，记录他们思维迸发的精彩瞬间，让他们体会到学习数学成功的喜悦，达到在练习中深化数学应用之真的目的。

如：在教学"分与合"一课时，我设置了这样一道题。

在正确答案后面的□中画"√"。

4只蚂蚁进2个洞，每个洞能进同样多的蚂蚁吗？

能□　　不能□

关于上面这道题，师生之间有了以下讨论。

师：如果让你换一个数，你还能想到哪些数可以让两个洞的蚂蚁进得同样多。

生1：2能分成1和1，4能分成2和2，6能分成3和3，8能分成4和4，10能分成5和5。

师：你回答得非常正确，是一个善于思考的孩子！那么从这些分解与组成中，谁还能发现什么数学规律吗？

生2：我发现这些数都是双数。

师：对，你观察得非常仔细，2、4、6、8、10都是双数，你真是一个认真细心的好孩子。

生3：我还发现了这些数的分解都是非常公平的，因为两边分得一样多。

师：非常好，你发现了这些双数所分成的两个数都是相同的。谁还有不同发现呢？

生：我发现了单数相加的和是双数，两个双数的和相加也是双数，比如2能分成1和1，1和1都是单数，但是它们的和是双数，而4能分成2和2，2和2都是双数，但是它们的和也都是双数。

师：你真是一个既善于观察又善于思考的孩子！那么请大家进一步思考，如果一个单数加上一个双数呢？

这时候学生马上开动脑筋，很快有思维活跃的学生就发现了一个奇数加上一个偶数的和仍然是一个奇数的规律。

由此可见，课堂上一定要给学生安静思考的空间和时间，放慢讲课的脚步，让学生认真观察规律，用数学的眼光去审视数学，发现数学规律。

这些一年级的学生在教师的一步步追问和引导下，竟然发现了五年级要学习的数学规律，实在令人惊叹！苏霍姆林斯基曾经说过，儿童的脑力劳动对象既是可以理解的，同时也应当有适当的难度。只有在脑力劳动对儿童的力量进行一定的考验的情况下，才能培养儿童具有一个"思考的劳动者"的自尊感。儿童胜利地经受了这种考验，怀着自豪而欢乐的心情回顾走过的道路，能够对自己说："这是我找到的。这是我发现的。"

美国数学家哈尔莫斯指出："学习数学的唯一方法是用数学。"用数学就是运用数学知识和方法从事数学练习和解决问题的实践活动，这是学生理解和掌握数学知识、探索和认识世界的有效途径，也是发展思维能力和创造性解决问题能力的有效途径。充分利用数学的本质特点，分层次设计有梯度的练习，采用层层激发的方式，能够让不同层次的学生都得到不同程度的发展。实践证明，只有当思维材料是丰富的、广泛的，方向是明确的、清晰的、相对稳定的，内容是系列有序的、开发的、综合的，结构是有规律的、辩证的、层次的，才能发展学生思维的整体性，使学生思维具有灵活性、深刻性、批判性、目的性、敏捷性甚至创造性，才能有利于促进学生思维的整体结构形成，培养学生良好的思维能力。

在学习"图形中的规律"一课时，我创设了如下分层练习。

六一儿童节快到了，小动物们的趣味联欢会开始了，大家想去看看吗？

(1) 基础练习

舞台上有 5 只小熊参加表演，一共有多少条腿着地？

2+5×2=12（条）

小熊排着整齐的队伍上场了，它们想给大家表演一个舞蹈，仔细看一看小熊的队形，想一想如果有 15 只这样的小熊参加这个节目，会有多少条腿着地呢？

(2) 提升练习

漂亮的小狗也不示弱，它们排着整齐的队形唱起了歌。

这时聪明的小猫想考大家一个问题：每增加一个这样的队形需要增加多少名演员呢？教师引导学生通过认真观察多媒体的动态展示找到规律，那就是每增加一个队形就需要增加 6 名演员。

小青蛙也不甘寂寞地要给大家出题目了，你们敢接受小青蛙的挑战吗？它问：要摆成 9 个这样的队形需要多少名演员呢？

教师引导学生通过直观的多媒体演示，快速地找到规律是 $6n+2$，所以要摆成 9 个这样的队形，需要 6×9+2=56（名）。

(3) 变式练习

小猫看到小青蛙出的题目那么难大家都能解决，它又动了动脑筋给大家出了一个脑筋急转弯，你们还能解答出来吗？

小猫问："现在有 32 名演员，能摆成多少个这样的队形呢？"教师引导学生逆向思维，找到的解决方法就是：

(32−2)÷6

=30÷6

=5(个)

数学课堂教学中恰当、适量的变式练习不但能巩固新知，防止思维定式，而且对培养学生思维的深刻性、灵活性、批判性、创造性具有十分重要的作用。不同层次的练习让全班同学都有收获的前提下，还能让不同程度的学生得到不同的发展，也让枯燥的练习变得有趣了。

### （五）在综合实践中做好数学延伸之真

数学来源于生活又运用于生活。课堂练习中通过设计类比、联想练习，诱发学生的直觉思维，让枯燥的练习变得更具生活性，让课堂数学向生活数学延伸。

例1：在教学"角的度量"一课时，我先用课件出示三个不同倾斜度的滑梯图。

师：请同学们认真观察这三个不同的滑梯，如果要去坐滑梯，你会选择哪一个？为什么不会选择其他两个？

生1：我会选择2号。因为3号滑梯是一个直角三角形，如果我们在这个三角形上滑滑梯，肯定要受伤。

生2：我会选择2号。因为3号滑梯太高我们都会摔下来，而1号滑梯太平，不可能滑下来。

师：是什么决定了人从滑梯上下滑的速度？

生1：滑梯的高矮决定人下滑的速度。

生2：滑梯的角的大小决定人下滑的速度。

师：同学们，你们认为角的大小在生活中有用吗？

在实际生活中，二年级的学生能感受到角的大小的作用吗？恐怕很难。同时，学生也没有进行角的大小比较的直观经验，因而就没有量角的实际需求。因此，我一开始就把"角的度量"的技能教学变成丰富而充满思考的数学活动。课件出示的三个不同倾斜度的滑梯图，既符合学生的生活经验，又能体现出"角"的大小作用，使学生强烈感受到"角的大小"是影响人下滑速度的关键因素，只有准确地测量出它们的大小，才有可能计算出滑梯的倾斜度。

因此，在设计练习时要善于把生活中的鲜活题材引入数学的大课堂，帮助学生理解和掌握数学知识，探索和认识世界。

例2：小朋友排队，从前往后数，小明是第10个，从后往前数，小明是第6个。一共有几个小朋友在排队呢？

这道题容易让学生产生误区，就是用 10+6=16（个）进行解答。因为学生没有不明白第 10 个和第 6 个其实都是小明一个人，所以在这里就要让学生弄懂序数第 10 和第 6 的含义。为了让学生能够很好地理解这一数学难点，培养学生的逻辑推理能力，我让学生从小的数字逐步描述这种现象。

请 4 个学生到前面排队。

师：从前往后数，诗琪排在第 3 个，从后往前数她排在第几个？

生：从后往前数，她排在第 2 个。

师：那么请大家仔细观察，这一队一共有 5 个人吗？

生：我数了数，这一队只有 4 个人，为什么会出现这种情况呢？

师：是呀，为什么会出现这种情况呢？让我们仔细数数看。

生：从前往后数，诗琪是第 3 个，从后往前数，她是第 2 个，这两种虽然数法不同，但都是指的同一个人。

生：如果用 3+2=5，我们从前往后数了一次，又从后往前数了一次，诗琪实际上一共被算了两次，但诗琪只是一个人，所以就出现了重复计算现象，式子应该是 2+3−1=4（个）。

《义务教育数学课程标准（2022 年版）》指出："学生的学习应是一个主动的过程，认真听讲、独立思考、动手实践、自主探索、合作交流等是学习数学的重要方式。"因此，在课堂上要创设一些"数学活动"情境，让不同思维水平的学生都能够参与教师精心预设的数学活动中，在独立思考、自主探索、合作交流的基础上不断产生思维碰撞，从而提升小学数学课堂教学的有效性。

## 三、本真数学是朴实的，育人之真，唤醒儿童心灵

数学具有一种本真的文化力量，用精确的数据、厚重的历史和数学的本质美唤醒学生沉睡的心灵。正如数学家克莱因所说："数学是人类最高超的智力成就，也是人类心灵最独特的创作。音乐能激发或抚慰情怀，绘画使人赏心悦目，诗歌能动人心弦，哲学使人获得智慧，科学可改善物质生活，但数学能给予以上的一切。"引导学生从数学的视角观察数学，一

定能给课堂带来丰富的文化内涵、无穷的理性力量、恒久的思维魅力……

**（一）抓住数学的本质美，启迪学生思维**

苏联教育家苏霍姆林斯基说："应该教会儿童从周围世界的美和人的关系中看出精神的高尚、善良和诚恳，并在儿童自己身上确立这种美。"对于儿童的文化成长，数学的美和其他一切美育因素一样，具有激励、感化的积极意义。让学生感受到数学在探索自然奥秘时所发挥的巨大威力，领悟数学与自然的和谐、神秘之美，进而激发学生对自然之美的神往，增强探索自然奥秘的信心。

比如，当我讲"认识图形"一课时，结合一年级学生的年龄特征和认知水平，我设计了"课间欣赏作品展"这一活动。在优美的旋律中，学生既可以放松心情，又可以体验到几何美、数学美，感受数学的科学性和艺术性，同时也对学生渗透了美育教育。

部分学生作品

六年级上学期学到圆的时候，我给学生讲述了历史文献中对"圆"的记载，以及圆的性质。

我国的《墨经》一书中最早给出了圆的定义："圆，一中同长也。"这句话的意思是：圆，就是圆周上的点到圆心的距离都相等（同长）。这个定义和现代圆的定义基本上相同。

因为圆有很多重要的性质，人类很早就认识了圆并使用了圆。例如人们把车轮做成圆形，因为圆周上的点到圆心的距离都相等，车子行驶起来平稳，而且圆轮在滚动时摩擦力小，车子走起来省力。另外，人们把碗和盆做成圆形的，一方面是因为圆形物体制作起来比较容易，没棱没角不易损坏；另一方面是因为用同样大小的材料做碗，圆形的碗装的东西最多。

学生听完这些内容都被圆的魅力打动了。

用数学本身的魅力唤醒学生的心灵，激发学生积极向上的价值观，让学生学会主动求知，感受学习带给自己的乐趣。这就是这些教学设计的重要意义。

### （二）运用数学的精密性，让思考在顿悟中升华

有的学生读题时爱漏字，有的学生做题比较急，往往题目还没有读完就开始做，还有的学生做题时喜欢口算，不喜欢动笔列竖式计算，导致大量的计算错误。学生总把这些错误归结为自己马虎了，下次如果不马虎就会做对了。其实这些都是学生做事不够严谨导致的。

于是，我给学生讲述了一个因为地面检查忽略了一个小数点造成宇航员在太空遇难的故事。这个故事让学生对小数点有了深刻的认识，对认真做事也有了全新的认知。经过讨论，他们认为平时一定要养成严谨认真的学习态度，将来才不会在工作和生活中出现类似的失误，造成无法挽回的损失。

小故事，大道理。端正学生的学习态度，让学生养成严谨求知的习惯，才是我们育人的真正目的。

### （三）引入数学历史故事，激励学生求真

课堂上适当引入数学历史故事，不仅能够调动学生学习的积极性，还能让学生感受我国古人的聪明智慧，增强学生的民族自豪感。

在学习"比和比例"时，我给学生讲到了古代的物物交换。

师：用1只羊换3只鸡，用10个鸡蛋换20个橘子等，这样的物物交换就是我们最初的市场交易。但是大家想一想，这种交换容易吗？

生：不容易，因为外出买东西之前还要带着东西去，来回都要背着非常重的东西，所以特别费劲。

师：同学们想一想，物品和物品之间的交换是按照一定比例进行交换的，那么3只羊可以换几只鸡？

生：1只羊可以换3只鸡，所以3只羊可以换9只鸡。

师：但是如果你想换8只鸡，需要多少只羊呢？

生：这时候也必须拿出3只羊才能换来8只鸡，不可能把羊劈开的。

师：所以，随着社会的发展，人们意识到了物物交换的不方便，就发明了钱币这个流通工具。这让交易变得简单多了。

我国古代的数学专著《九章算术》里就记载了关于比和比例的算法。引入数学历史故事不仅能让学生了解数学知识，还能激发学生的好奇心，让学生探索更深层次的数学奥秘，同时让学生感受到数学不仅仅是枯燥的计算，还蕴含着无数先人的智慧。

但是课堂教学时间有限，不能让引用的数学历史故事占用太多的教学时间，短小精悍的故事才能既吸引学生的注意力，又激发学生的学习兴趣。

附：典型教学设计

## "找规律"教学设计

**杭州市求是教育集团（总校） 黄春丽**

**本课主要看点**：本节课从数学的本质出发，引导学生在观察思考中找规律，在动手操作中理解规律，进而在内化拓展中创造规律。在课堂教学中引导学生不断体验数学方法，感悟数学思想，有效建构规律的数学模型。

### 教学内容

人教版义务教育教科书《数学》一年级下册第七单元"找规律"。

### 教材分析

"找规律"是数学课程标准中"数与代数"领域内容的一部分。这部分内容的学习，对于培养学生的数感和观察、操作及数学推理能力具有重要的意义。本单元注重联系学生生活实际，创设了学生举行联欢会的情境，还注意让学生通过操作、观察、实验、猜测等活动去发现规律。练习题的设计体现了开放性，让学生根据自己的审美观点去找规律。

### 学情分析

学生对于一般规律已有初步的认知基础。在生活中、学习中他们已经或多或少接触到了一些规律性的现象，只是没有把这些现象作为专项知识进行学习和研究，还没有上升到理论的高度。在课堂中，只要教师稍加规范和引导，就可以使学生的思路变得清晰。怎样引导学生从数学的角度探索、领悟规律，将是教学难点。因此，结合学生注意力集中时间短但思维灵活的年龄特点，扬长避短去设计教学过程，引导学生从直观形象思维走向创新思维。

### 教学目标

1. 学生通过观察、实验、猜测、推理等活动能发现事物中简单的排列规律，理解规律的含义并能描述和表示规律。

2. 培养学生初步的观察能力、概括能力、推理能力和逻辑思维能力以及合作交流的意识。

3. 激发学生探索数学问题的兴趣，感受数学的规律美，并能创造数学美。

### 教学重点

引导学生发现最简单的图形变化规律。

### 教学难点

引导学生从颜色、形状两方面发现规律。

### 教学过程

**一、情境导入，激发兴趣**

同学们，六一儿童节就要到了，我们班要举行一个联欢会，你们打算怎么布置自己的教室呢？（学生交流汇报）

老师的想法也和大家的差不多，老师是这样布置的（出示教材例1情境图的上半部），你们看，漂亮吗？请大家仔细观察老师的布置有什么特点。

教师引导学生说出小旗、灯笼和小花都是按一定的顺序来排列的，并指出这样的排列就叫有规律的排列。

小结：一般来说，一组实物依次不断重复地排列（至少重复出现3次），我们就可以称为有规律的排列。

点明课题：今天我们就来学习"找规律"。

【设计意图】首先通过提问导入，激发学生兴趣，唤醒学生头脑中已有的认知,并通过观察图片让学生认识简单的排列规律,为接下来探究规律的本质奠定良好的基础。

### 二、合作探究,发现规律

**1. 寻找小旗的排列规律**

(1)找一找

请同学们认真观察,找一找小旗的排列有什么规律。请你先把你的想法说给同桌听,然后互相交流,看看你们找到的规律是否相同。

(2)说一说

①让学生说出小旗的排列规律,注意引导学生用完整的语言来表述:小旗是按一面黄旗一面红旗的规律来排列的。

②请学生想一个让大家一眼就能看出小旗排列规律的好办法。

(3)讨论交流

①小旗是每排几面就出现重复的?

②那我们能不能把这两面看成一组,所有的小旗都是这样一组一组重复排列的呢?

③每一组中的第一面小旗都是什么颜色的?

(4)圈一圈

请你圈出小旗重复的部分。

(5)画一画

你能按照小旗的排列规律再画出这样的一组吗?

**2. 寻找小花的排列规律**

(1)说一说

小花的排列又有什么规律呢?你能找出小花是按照什么规律重复排列的吗?请把你的发现先在小组内进行讨论。

(2)动手做

请一名学生当小老师,把他的发现在黑板上用小花摆出来。让大家认真观察,看自己的想法和他的是否一样。

(3)动手操作

请一名小老师带着大家一起动手摆出小花的排列规律,比一比谁最先摆出小花重复的三组图案。然后同桌之间互相观察,看谁的排列最规范,并圈出同桌摆的小花中重复的那一组。

**3. 总结灯笼、小朋友的排列规律**

（1）说一说

（出示教材例1情境图的下半部分）

灯笼的排列有什么规律？（特别强调灯笼是三个为一组）小朋友的排列又有什么规律？

（2）摆一摆

动手利用学具摆一摆灯笼和小朋友的排列规律，并把自己的发现告诉同桌。

（3）思考

灯笼的排列规律和前面的小旗、小花的排列规律有什么相同点和不同点？

（4）交流汇报

相同点：灯笼和小旗、小花的排列都是按照一定的规律重复排列的。

不同点：小旗和小花都是按照两个一组重复排列的，但灯笼却是三个一组，按照红蓝蓝的规律重复排列的。

【设计意图】这个环节利用多媒体展示情境图，精心设计核心问题，把学生的探究发现融于丰富、有趣的活动之中，让学生透过现象发现规律，体验成功的喜悦。在活动中启发学生从不同角度发现规律，认识到事物的规律是不断发展变化的。此外，在实际操作中对学生进行有序、多元化的思维训练，让学生归纳总结规律的本质含义，促进学生高阶思维的发展。学生通过动手操作、合作交流，亲身经历数学知识的产生过程，学会探究思考。

**4. 凸显数学本质，动手操作，创造规律**

（1）摆一摆

你能用手中的小花，按照教材上的规律再摆出4个来吗？

（2）做一做

让学生按自己喜欢的规律涂色，完成教材中的"做一做"。

（3）我来摆，你来说规律

让学生每两个人一组，一人利用学具有规律地摆放，另一人说出规律

（一人摆一次，说一次）。如果再让你继续摆下去和写下去，你应该怎么摆？怎么写？能摆得完、写得完吗？

【设计意图】通过设计学生喜闻乐见的游戏活动，唤醒学生对规律这一特征的已有经验，在对规律特征的不断追问中直指数学本质的问题。在探究问题的过程中层层深入，使学生不仅会学，能讲，而且善思，进而养成严谨、科学的学习习惯。

**5. 课堂小结**

其实，生活中处处都有规律，只要我们仔细观察，一定会有所发现。

最后在动感音乐的节拍中结束这节课。

**6. 课外延伸**

请学生在家长的帮助下，寻找身边有规律的事物。

【设计意图】通过观察、比较，让学生认识到规律在生活中的广泛应用，感受规律的重要性，理解找规律的意义。

# "分类与整理"教学设计

杭州市求是教育集团(总校) 黄春丽

**本课主要看点：**思维从动作开始，如果切断了思维与动作的联系，思维就得不到发展。本节课引导学生动手操作，感受分类标准的多样性，并学会用不同的方式记录，建立初步的分类思想和统计意识。在知识经验的形成过程中领悟数学知识背后隐含的数学思想，提升学生的理性思维能力。让学生在直观中理解，在感悟中建构，促使学生的数学学习从肤浅走向深刻，从而深层次理解分类的本质，学会用数学思维思考。

### 教学内容

人教版义务教育教科书《数学》一年级下册第三单元"分类与整理"。

### 教材分析

教材遵循知识的发展规律和学生的认知主动性，关注数学与生活的密切联系，充分调动学生学习的主动性，让学生在观察、操作中学会分类，掌握分类的方法，培养他们的思维能力与概括能力。

### 学情分析

入学之前，学生对日常生活中的分类已经有了初步的认识，但是对分类的概念和标准比较模糊。有些学生虽然学会了分类，但讲不清楚依据，教师应给予帮助，进一步训练学生的口头表达能力。通过小组的协同操作与讨论交流，让学生学会发现问题并解决问题，培养他们团结协作的优良品质。

**教学目标**

1. 学生能够根据不同标准对物体进行分类。
2. 学生能说出在不同的分类标准下，分类结果也不同。

**教学重点**

学会根据不同标准对物体进行分类。

**教学难点**

理解不同的分类标准分类结果也不同。

**教学过程**

### 一、创设情境，导入新课

（课件出示图片）

今天老师带了一些生活中常见的图片，大家快来看看这些画面你们熟悉吗？对，这就是超市里蔬菜水果的分类场景。再看这幅图，这是一个整理前的书架和整理后的书架。如果要看一本书，你更愿意从哪个书架上找？说说你的理由。

学生回答整理后的书架更有条理，找书更方便。

对，只有在整理好的书架上才能最快找出自己所要的书。生活中你还在哪儿看到过分类的情境？

学生举例。

同学们说得真好，超市分类可以让我们更容易找到需要的商品，房间物品分类可以让房间更整齐，今天我们就一起来学习"分类"。

（板书课题：分类）

【设计意图】生活中到处都可以看到分类的情境，利用和数学联系紧密的生活情境来吸引学生的兴趣，并让学生初步感知分类在日常生活中的作用。

### 二、动手操作，探究新知

**1. 描述感知分类的标准**

（课件出示气球图片）

你能把这些气球分类吗？可以怎样分？

学生有按形状分的，分为三类：圆形的一类，心形的一类，糖葫芦形的一类。

还有学生按颜色分的，分为三类：红色的一类，黄色的一类，蓝色的一类。

**2. 操作体会分类过程，尝试记录分类结果**

给每个同学都准备了跟气球一样的卡片，先按照形状分一分，看看每种气球各有几个，把分类结果记录在纸上。（可以摆一摆、写一写）

（1）展示先分再数的方法

你分了几类？每类几个？

（2）展示象形统计图的方法

刚才分成一堆一堆的，你为什么排成一列呢？

学生认为这样做比较整齐、清楚。

你能一眼看出谁最多、谁最少吗？

学生正确回答。

看来这一列是记录糖葫芦形的气球，我们在下面画上一个糖葫芦形，表示这一列记录的项目。另外两列也相应画上心形和圆形气球。从这幅分类图中，谁能快速看出来圆形气球比心形气球多几个？你是怎么快速比较出来的呢？

学生回答一个对着一个比较，剩余的圆形气球就是比心形气球多的。

根据这幅图，谁还能提出一个比多少的问题？

学生提出如下问题：圆形气球比糖葫芦形气球多几个？心形气球比圆形气球少几个？

（3）展示表格记录数据的方法

这个同学的记录方式你能看明白吗？心形气球有几个？

学生回答他用一个数据来表示这一列的数据。

为了更加清楚、整齐，教师把这个同学记录的数据画上线。

上面一行都是形状，下面一行都是个数，每一列都表示这个形状的气球有几个，这样记录真清楚。

（4）展示其他记录方法，让学生评价

【设计意图】数学教学是数学活动的教学。只有在教学中充分暴露思维过程，才能真正把握教学的本质。因此这个环节为学生搭建动手分类的平台，让学生经历分类的过程。但分类的关键是正确选择分类标准，而且在同一次分类中只能遵循同一标准。通过引导学生建立"我以什么为标准，将谁分成了几类，分别是什么"的学习思路，让学生对分类思想的本质有更深刻的认识，提高学生思维的深刻性。课堂上借助直观模型引导学生观察、比较和思考，让学生的思维经历由浅到深、由表及里的转变，学会真思考、真学习。

**3．摆一摆**

（课件出示示例图片）

从这幅图上，看一看哪种颜色的气球最多,,哪种颜色的气球最少。你能快速算出最多的比最少的多几个吗？蓝色的气球比黄色的少几个？

学生回答5-4=1(个)。

黄色的气球比蓝色的多几个？

学生回答5-4=1(个)。

这又是按照什么标准分类的呢？

学生回答这是按照颜色分类的。

对比这两种不同的分类方法，谁能根据第一幅按照颜色分类的象形统计图快速算出一共有多少个气球？

学生很快算出气球总数为 3+4+5=12(个)。

那么再看这幅按照形状分类的象形统计图，你能很快算出一共有多少个气球吗？

学生也能算出气球总数为 3+4+5=12(个)。

对比这两幅图，虽然分类标准不同，但是有没有相同的地方呢？比一比，看谁有一双善于观察的眼睛。

学生讨论。

小结：分类有标准，标准不同，分类的结果也不同，但总数不变。同学们不仅能够按照形状把这些气球分类，而且自己能设计图表把分类的结果表示出来，你们真棒！

【设计意图】这个环节通过呈现不同的分类计数方法，让学生经历统计的全过程。通过观察和比较让学生充分感知"标准"对分类的重要性，以及用不同的标准分类的结果可能也会有所不同，让学生在分类的过程中及时抽象出图形的本质特点，加深认识与理解。数学的本质是思考，因此，在课堂上通过积累活动经验促进学生学会思考，学会对比优化和分类表达，并在头脑中构建数学模型。

### 三、分层设计练习，巩固提高

**1. 练习**

以本课教材中练习七第2题为例。

请学生以四人为一组，互相讨论该怎样分类，按什么标准分，看哪一组分得又快又好。

学生边说教师边归纳，根据分类的情况动手把黑板上的卡片移动分类。

**2. 分帽子**

老师送给大家一些漂亮的图片，藏在袋子里，请大家打开袋子取出图片。

小组合作动手分一分。

【设计意图】以活动为主线，练习设计选择适合学生年龄特点的活动，分水果卡片、分帽子，使学生在活动中动手操作，在操作中观察思考，让学生对两次分类的结果进行观察，引导他们聚焦相同点，探寻不同点，在求同寻异的对比感悟中充分理解分类的数学本质，在活动中内化新知，感知不同分类标准产生的分类结果有不同的数学规律。

### 参考文献

[1] 中华人民共和国教育部. 义务教育数学课程标准：2022年版 [S]. 北京：北京师范大学出版社，2022.

[2] 余文森,成尚荣.教学主张与名师成长[M].福州:福建教育出版社,2017.

[3] 王永春.小学数学思想方法解读及教学案例[M].上海:华东师范大学出版社,2017.

[4] 徐素珍.小学数学教学的实践与探索[M].上海:上海交通大学出版社,2017.

[5] 郑毓信.小学数学教育的理论与实践:小学数学教学180例[M].上海:华东师范大学出版社,2017.

[6] 吴正宪,周卫红,陈凤伟.吴正宪课堂教学策略[M].上海:华东师范大学出版社,2013.

[7] 华应龙.我这样教数学:华应龙课堂实录[M].上海:华东师范大学出版社,2009.

[8] 雷玲.小学数学名师教学艺术[M].上海:华东师范大学出版社,2008.

[9] 林碧珍.数学思维养成课:小学数学这样教[M].福州:福建教育出版社,2013.

[10] 周彬.课堂密码[M].上海:华东师范大学出版社,2009.

[11] 孙贵合.用数学自身的魅力吸引学生[J].小学教学:数学版,2018(5):1.

[12] 王强国.细节重建,叩问教学的真谛[J].小学教学:数学版,2018(5):50-51.

[13] 王尚志.抓住数学本质 整体把握课程:普通高中数学新课标解读[J].小学教学:数学版,2018(7-8):141.

# 第四章
# 谢蕾蕾：适性数学

教师简介：谢蕾蕾，女，硕士研究生，中小学一级教师，现任职于郑东新区基础教育教学研究室。曾先后被评为河南省校本教研先进个人、郑州市骨干教师、郑州市教科研先进个人、郑州市优秀教师、郑东新区优秀班主任等。所执教课例荣获"一师一优课""省级二等奖2次，市级优质课一等奖1次。主持或参与省、市级课题7项。所设计的校本课程"表情的秘密"获得第二届全国"真爱梦想杯"校本课程设计大赛特等奖及河南省优秀成果奖。

适性数学主要指教师遵从学生的个性特点（个性）及思维发展规律（共性），积极主动寻求数学课堂教学策略，使师生主体在数学课堂中获得积极体验的教学活动。

　　适性数学主张下的数学课堂，教师对学生学习起点的认识是准确的，对课堂的准备是充足的，对活动的组织是适宜的，对学生的学习效果把握是充分的。它的核心是将教师的"教"与学生的"学"有效连接起来，形成一个以学生获得持续成长为目标的数学课堂实施常态。它的本质是教师对学生的尊重与理解。

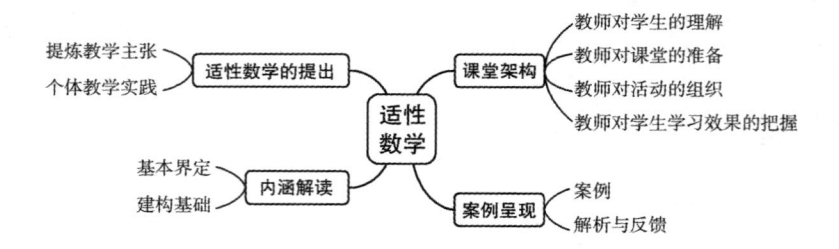

```
                                              ┌─ 教师对学生的理解
                    ┌─ 提炼教学主张         ┌─ 课堂架构 ─┼─ 教师对课堂的准备
适性数学的提出 ─────┤                       │            ├─ 教师对活动的组织
                    └─ 个体教学实践         │            └─ 教师对学生学习效果的把握
                                    适性数学─┤
                    ┌─ 基本界定              │            ┌─ 案例
内涵解读 ───────────┤                       └─ 案例呈现 ─┤
                    └─ 建构基础                           └─ 解析与反馈
```

# 第一节 适性数学的提出

## 一、提炼教学主张：基于个体经验的意识萌动

作为一名数学教师，我曾经在心底无数次地问自己，为什么我按照要求积极备课，按照步骤认真授课，作业批改也很认真，教学效果却不明显呢？

在一次偶然的听课经历中，我找到了问题的缘由。某教师在参加区域教研时呈现了一节五年级"长方体的认识"课例。课例的大致流程是：导入环节，通过动态视频展示点移动成线、线平移成面、面移动成长方体的过程，引导学生整合具象思维与抽象思维；随后抛出"生活中，你见过哪些物体是长方体的""关于长方体，你还想研究什么"两个问题，引导学生通过摸一摸、认一认、搭一搭来感受长方体的特征；然后组织小组合作搭长方体的活动，在选择小棒数量的过程中促使学生整理出长方体的特征，最终形成对长方体长、宽、高的整体认识。通过整个课例可以看出，该教师在授课前是花费了不少功夫的：导入环节体现了其对"点、线、面、体"的系统设计思维，抛出的问题体现了该教师有意将学生的需求作为教学的起点，多样化的操作活动体现了该教师具有良好的课堂教学观念——学生是学习的主体。

但授课现场却出现了诸多"意外"：当个别学生提出"我想研究长方

体怎么画""我想研究长方体的面积怎么计算"等问题时,该教师没有给予回应;当教师让学生取出事先准备的材料进行小组合作时,多个小组的学生不知道要做什么;当学生在搭建长方体的过程中出现"不知道怎么选择材料"时,教师只是简单回应"自己的事情自己做";当学生表述"可以根据颜色选择搭建材料"时,教师只是简单回应"对,可以这么选";甚至最后需要探讨得出"每一组材料四根,且长度相同"的结论时,教师在"哪些相对的棱的长度相等"这一问题上苦苦追问。整节课的气氛略显浮躁,随意性强。课后,对学生进行测试的结果中,多数学生不能表述清楚长方体的特征。

由此可以看出,该教师在授课时存在教学方法运用失当、对教材及知识要点把握不充分、课堂组织能力差、评价针对性弱等问题。究其原因在于:教师对自己的课堂角色认知不清,对学生的年龄特点和学习心理关注不足,对数学学科知识、思想方法的认识不透彻等。当然,这并不是个案。许多时候,教师的"日常课"和"随堂课"总是不经意地变成了对学情不管不问的"随意课"。课前不备课者有之,课中分不清重难点、"满堂灌"者有之,课后批改作业不追踪者有之,日日进行题海战术者有之,以成绩定"差生"标签者有之……这一系列的常态问题就造成了一批批"发展困难学生"的产生。而这些"发展困难学生"的"学习障碍""兴趣不高""成绩差"等问题,又成为教师与家长之间难以言说的话题。

要解决这些问题,就需要教师从根本上充分内省,不断挖掘和提升自己的专业素养,在日常的课堂教学中加强对课堂、学生、学习等的思考,进而凝练并形成自己教学的思想内核,引领自己不断完善学科观念、学生观念和课堂观念。这种"教学的思想内核"就是教师个性化的教学主张。

"教学主张"一词在现实情境中往往作为教育名家的专业"名片"而被教师们熟知,也只有具备卓越理论高度和丰富实践经验的教师才会有"主张"。然而,这些处于"前沿"和"云端"的主张往往在教师群体中找不到很贴切的实践土壤。主要原因就在于,但凡"主张",一定与提出者自身的独特性分不开,而这种独特性恰恰不能"拿来"和"移植"。于是,关于教学主张,每个教师都有了提出的可能性和必要性。

然而,作为一线教师,要提出自己的教学主张并非易事。教学主张,从其本质上说，是内化于教师心里的，能积极促进学生课堂学习、不自觉外显于教师课堂教学行为的个性化信念。每个教师都可以拥有自己的教学主张。然而，教学主张的提炼与产生是一件抽丝剥茧、耗费心力的事。首先，教师要对课堂教学的本质有自己的思考，而且这种思考必须是基于教学情境中的真实问题。其次，教师对教学中存在的问题进行思考后，需要进行归类、整理和分析，并形成一些能不断改进教学效果的观念和经验。最后，对改进教学过程中的有效经验及碎片化观念进行抽象、提炼、表征后，形成教学实践中较为稳定的思想内核——教学主张。很多数学教学名师都从自己思考的角度出发，提出了丰富的、特色鲜明的教学主张，如智慧课堂、文化数学等。这些教学主张都清晰地表明了数学教学名师的学科视角，既具有强烈的观念建构感，又具有明显的个人特质外显化特征。

而我的教学主张又如何提炼才能表达出自己对数学教学的理解呢？法国学者安德烈·焦耳当著的《学习的本质》一书给了我很大的启示。书中作者对儿童学习心理的理解和对学习本质的捕捉深深打动了我。他的观点总能让我在脑海中浮现种种有趣、有意义的课堂场景，而这些场景使我更加坚定做一名卓越教师的信念。为了贴切地描述这种理念上的共通性，我开始不断尝试找寻一些能描述我所持的"儿童立场"观点的核心词来表达我的教学主张。

## 二、适性数学：走向个体教学实践的思想凝练

我认真阅读了数学名师的教学主张以后，发现这些教学主张终归适合于名家自己的课堂。在普遍意义的数学课堂上，教师首先要做的便是对各种基本要素的合理把握，而这种把握的精准程度源于对学生整体特征的理解和个性特征的发现。基于学生的成长需要开展教学，便对课堂赋予了生命力和温度。

没有对"人"的关注，课堂中就无法产生真正的"学习"。儿童拥有独特的眼睛，他们总能看到与成人不一样的世界。然而，成年人，即便是受过专业培训的教师，也总会倾向于一种"高效"的做法：压制、忽视，甚至随意批评。作为教师的我们，深谙各种教育、关爱儿童的原则和方法，

却容易在实际行动中忽视孩子们的内心感受。

同时，数学课堂因强烈的"数理"逻辑和"知识深度"，一直被人们标注上"理性""精确"甚至"呆板"等名词，而其具有的淳朴的、原生的课堂味道和包含的共享、合作、问题解决的学生成长味道却在某种程度上被忽视。

基于此，我从数学课堂应关注"人"的角度出发，提出了"适性数学"的想法。在阅读文献时，我发现江苏省特级教师钱坤南曾提出过"适性教育"的观点。他也从关注儿童的天性和个性出发，指出数学教师要在"教学目标、教学素材、教学活动、教学训练"几方面进行钻研和思考。这种观点和我的想法不谋而合，我便开始为适性数学的提炼与生成而努力。

# 第二节　适性数学的内涵解读

## 一、适性数学的基本界定

### （一）适性数学的含义界定

适性数学作为一种教学理念，一种教学主张，主要指数学教师遵从学生的个性特点（个性）及思维发展规律（共性），积极主动寻求数学课堂教学策略，使师生主体在数学课堂中获得积极体验的教学活动。适性数学主张下的数学课堂，教师对学生学习起点的认识是准确的，对课堂的准备是充足的，对活动的组织是适宜的，对学生的学习效果把握是充分的。当然，适性数学绝不是通常意义上的"自然教育"，也不是真空中的"因材施教""分层教学"。它的核心是将教师的"教"与学生的"学"有效连接起来，形成一个以学生获得持续成长为目标的课堂实施常态。它的本质是教师对学生的尊重与理解。

### （二）适性数学的基本原则

适性数学具有适切性、差异性、生长性和全面性四个原则。就适切性而言，适性数学要求教学活动实施的起点和方向基于学生实际，并通过学生的反映进行调整和优化；要求教学材料的运用应适合学生参与和运用；

要求课堂的"教"与"学"应充分把握学生的知识水平和思维能力水平等。其最终指向让每个学生获得不同程度的发展。就差异性而言，适性教学既尊重学生发展的整体年龄特征和学习心理，也关注学生个体之间不同的发展需求。在整体推进课堂教学的过程中，寻求学生在已有认知基础上既达到基本目标，又取得不同个体的差异性发展。就生长性而言，适性教学尊重学生在成长的过程中，既有知识、技能的获得，又有情感与智慧的生长。因此适性教学关注学生知识的自主建构、思维的自由连接、智慧的自然生长、情感的自信舒展。就全面性而言，适性教学从本质上关注全面的学生和学生成长的全面性，即尊重儿童的整体性和个体性，在个体的发展方向上，关注其素养的全面性。

## 二、适性教学的建构基础

### （一）适性教学的历史溯源

与适性教学相关的思想源远流长，孔子倡导的"因材施教"、道家提倡的崇尚自然、王守仁提出的"顺导性情"、卢梭提出的"顺应儿童的本性"，以及苏霍姆林斯基提出的"个性全面和谐发展"等，都与适性教学有着相同、相通或相近之处。从心理学的角度来看，适性教学也有着强大的理论基础。

著名的瑞士心理学家皮亚杰将儿童的认知发展划分为感觉运动阶段（2岁以前）、前运算阶段（2—7岁）、具体运算阶段（7—11岁）和形式运算阶段（11岁以后）。不同阶段的儿童在认知结构和思维方面具有显著差异。如前运算阶段的儿童（进入幼儿园至小学前）会将感知动作内化为表象，已建立了符号功能，并可凭借心理符号（主要是表象）进行思维，而具体运算阶段（大致为小学时期）的儿童的认知结构由前运算阶段的表象图式演化为运算图式，在思维上具有守恒性、去自我中心性和可逆性的特点。针对该时期的儿童心理操作应着眼于抽象概念，但思维活动需要具体内容的支持。此外，他还把儿童的道德认知划分为前道德阶段、他律道德阶段、自律道德阶段。这些阶段的划分，能够很好地帮助教师理解不同阶段学生的心理和行为，也要求教师在教育学生时要尊重学生的心理发展顺序及认知规律。

苏联心理学家维果茨基也提出了"最近发展区"的概念。他认为，学生的发展有两种水平：一种是学生的现有水平，另一种是学生可能的发展水平。这两种水平之间的差异就是最近发展区。教师应着眼于学生的最近发展区，为学生提供略有难度的内容，调动学生的积极性，发挥其潜能，超越其最近发展区，然后在此基础上进行下一个发展区的发展。

此外，美国心理学家班杜拉提出的自我效能理论也说明，班级学习活动中，自我效能感程度不同的人所表现出的调节和控制行为完全不同。自我效能感高的人往往积极乐观，勇于面对困难和挑战，并将产生问题的原因主要归于自己；自我效能感低的人则容易消极、悲观、犹豫不决，出现问题时容易从外部归因。因此，把握不同学生的自我效能特点，有助于教师开展高效的教学策略。

美国教育学家杜威提出的"儿童中心论"更是将儿童的主体地位彰显到极致。在他眼中，儿童变成了太阳，而教育的一切措施则围绕着他们转动。我国著名儿童心理学家陈鹤琴提出的"活教育"思想，主张课程形式应该符合儿童活动和生活方式，符合儿童与自然、社会环境的交往方式等，无不体现出教育顺应儿童天性的必要性。

上述中外有关教育及儿童心理的研究都很好地反映出：在课堂教学过程中，教师须顺应学生的天性和个性教学活动，以便收到良好的课堂教学效果。

### （二）适性数学的现实基础

目前，诸多学校追求的"个性化教育""开发适合每个儿童的课程""把学生放在学校的正中央""分层教学""差异化教学"等主张也都体现着"适性教育"的内核。可以看出，这些教育思想与教育实践凝聚在一起便是对教育对象——儿童的主体性的尊重。而儿童的主体性往往体现在群体特征与个体特征两个方面。因此，这里的"适性"，意味着既要适合儿童的天性——儿童作为儿童的群体特征，"把孩子看作孩子"，把儿童教育与"成人教育"区分开来，更要适合儿童的个性——儿童"独一无二"的独特性。毕竟，教学效果的达成需要通过学生的学习才能得以体现。任何摆脱了对学生研究的教育思想都是无源之水、无本之木。

此外，在日常的教学实践中，通过大量的听课、评课及同伴交流，我发现：很多教师在开展教学活动时存在着对学生要么过于自信、要么过于忽视的两极分化现象。例如，在教学"位置与方向"这一内容时，很多教师采用制作模型、绘图等方式引导学生多途径识别、区分八个方向，并解决相关问题。学生在做题时，也能按照教师讲的方法准确答题。从知识获得的角度看，教师及学生已经达成本节的教学目标，但在现实情境中，仍有不少学生无法准确判断车辆行驶的方向。

出现上述情况的原因，主要是教师习惯于将自己的角色放在"教"上面。他们往往表现出对知识本身的过度关注，而忽视对学生思维特点的尊重，常常用"大量的机械训练"来开展课堂教学，"不关心知识的来龙去脉"，也常"无视新知识带来的学生独立思考和探究新问题的机会"。

课堂究竟如何实施才是有价值的？学生如何学才能获得丰实成长？基于这样的思考，我开始对学习的本质产生了兴趣。

### （三）我对学习的再认识

通过大量的文献阅读，结合自己的数学课堂教学实践，我最终明确了自己的整体思考方向：从研究教育的逻辑起点——学生出发，关注课堂上学生的学习需要，思考数学课堂中学生"学"的过程和"习"的效果，从而提升每个学生积极学习数学的体验。

那么，不可回避的一个问题便是：什么是学习？学生与教师在学校规定的时间、空间内共处时，如何确信其学习已经发生并且是有效的？数学课堂中的学习是怎么发生的？日常数学课堂中的诸多问题根源在哪里？如果解决了这些问题，数学课堂就有可能得以真正改变。

很显然，学习不是接受信息。但在日常的课堂中，为了完成一系列教学任务，教师总是将重点放在"教"上面。就目前的小学数学教学现状来看，不乏存在着学生被一堆不重要的知识"绑架"、对数学学习产生厌恶感的情况。随之而来的是教师对学生在学习习惯、学习能力、学习态度等方面咄咄逼人的强加判断。

学习怎么表征？从国家颁布的各个学科的课程标准上，我们很容易看到诸如"理解、识记、体验、运用、解释"等行为动词。这些行为动词是学生学习后要达到的目标。但学习本身还要解释出学习者是如何理解、记忆和重建知识的，特别是如何运用自己所学的知识解决问题的。

"学习"是如何发生的？在进行学习之前，学生往往已经拥有了自己的原始观点及惯常思维方式，学习活动结束后，这些观点和方式都会发生变化。在这一过程中，思维的冲突、干扰、稳定是必不可少的阶段。而常态的数学教学过程中，教师对学生这些方面的关注是非常欠缺的。即使学生表面接受了大量的课堂信息，但真正的学习并没有发生。

《静悄悄的革命——课堂改变，学校就会改变》一书中指出：教师听学生发言，不只是听学生发言的内容，还要听其发言中所包含着的心情、想法。只有真正地听懂学生，课堂里的学习才会发生。的确，学生是具体的。每一个学生都有着极具差异而丰富的成长背景，从而表现出不同的学习风格和性格特点。课堂中的每个学生对教师的语言、行为等都有着不同程度的内化及输出方式。正因如此，教师在课堂教学中需要将视线下移，通过细微的观察，精准地把握每个学生的思维水平和情绪状态。对于缺乏经验的年轻教师而言，这是一件很难的事。我发现，在日常的数学课堂及与同事的交流，甚至是常规教研活动中，许多教师很自然地认为所有学生都拥有足够的知识基础来迎接新的课堂，能够跟得上教师的讲解，然后就根据自己所认为的学生应具有的知识基础作为起点，将自认为"行得通"的内容传递给学生。这就使学生的思路完全服从于教师的思路，从而导致学生的学习效果达不到教师的预设。

学生对知识的提取是有规律的。比如，学生学习新知识前，需要借助已有的知识。而学生已有的知识水平也是教师开展教学的起点。而这种"已有的知识"主要指隐藏于学生思维中的先有概念及常识。教师的作用就是不断撬动学生思维中的先有概念及常识，并想尽一切办法不断改变或完善这种概念及常识。此时，有效学习才会产生。

因此，适性数学教学通过鼓励与引导数学教师从学生的成长规律、认知规律、心理特点等方面出发，不断内省并调整教学策略，让课堂呈现出该有的样子，成为解决上述问题的一种有意义探索。

# 第三节　适性数学的课堂架构

## 一、教师对学生的理解是准确的

学生是课堂的主体。教师的一切教学活动都应以学生获得成长为起点和宗旨。适性数学主张下的课堂，一方面，教师对学生的已有概念和常识、理解水平的认识是充分的。要达到这一点，教师需要通过作业反馈、沟通、调查等途径全面了解学生的整体认知状态和存在的关键问题。教师应以获得的第一手信息作为新内容的起始点。比如，在讲授"什么是面积"一课时，教师需要明确班级学生对面积相关概念的认识程度以及对周长知识的掌握情况。课前，教师应通过预习单、课前谈话、调查活动等把握学生对"面"的理解，弄准确学生对周长概念的描述、理解和应用水平，最终确定合适的学习目标。在课堂教学中，教师要能够读懂学生的语言逻辑、情绪反应和思维水平。比如，在教学"长方体的表面积"时，教师要密切关注到不同学生的理解水平，引导他们采用多种方式计算长方体的表面积。对于习惯采用六个面面积相加的学生，要深挖其认知上的盲区，帮助其重新建立起有关"体"的特征的认识；对于混淆面积和周长计算公式的学生，要帮助其重新梳理有关面积和周长关系的认识；等等。同时，对学生在课堂上的不同情绪反映，教师要做出及时、准确的判断并进行有效回应。只有如此，数学课堂教学才有温度。

## 二、教师对课堂的准备是充足的

适性数学主张下的教师对课堂的准备是充足的。一方面，教师要基于学生实际进行充分的教学设计。也就是说，教师要对教材的内容琢磨透，要关注到课堂生成过程中学生思维可能触及的知识深度和广度。教学设计中既要有对学生知识基础充分理解的目标设计，又要有基于学生特点的环节设计（活动设计）。如同样是认识分数，三年级的教学设计偏重于让学生借助直观图形初步理解分数的表示形式和基本含义，四年级的教学设计就偏重于让学生借助米尺测量活动探究分数与小数的关系等。另一方面，教师要基于学生认知特点和实际需求提供足够的、充分的学习素材，最大化地确保学生能够在真实情境中以一种兴奋、积极的状态投入学习。比如在一年级认识数时，教师需要给学生提供计数器、数字卡片等，在学习"体积与容积"时，教师需要给学生准备长方体、正方体、柱体、锥体以及一些实物的模型和其他验证材料。此外，适性数学主张下的教师还要选择既有思维含量又能激发学生兴趣的学习素材，从而保持学生学习时思维的活跃和开放。如在教学"长方体的展开图"一课时，教师要引导学生利用各种方法进行剪拼，这就需要提供较多的长方体实物，以及一定的动画素材，以强化学生的认识和理解。

## 三、教师对活动的组织是适宜的

帮助学生积累丰富的活动经验是小学数学学科的一个基本要求。适性数学主张下的教师对整个课堂教学活动的组织是适宜的，即教师放手并有意引导学生进行积极的自我发问，并尝试通过多种途径来引导。这些途径可以是具体的操作活动，可以是师生、生生间的互相对话，也可以是学生的自我表达等。教师能创设足够的教学情境，让学生经历观察、实验、猜测、计算、推理、验证等活动过程，从而理解知识、掌握技能、学会方法、获得经验、提升素养。比如在教学"分数的再认识"时，教师需要对"分数的初步认识"中的知识目标及"分数的再认识"中的知识目标进行比对，弄清楚在整个小学阶段的学习中，该部分知识处于哪个水平，对学生的要求较以往有什么区别等。在授课时，还要根据充分挖掘的学生认知障碍，巧设有趣的测量等操作活动，不断触发新的问题，帮助学生产生新的知识需求，最终给予学生思维上的提升。此外，课中教师要安排多样的学生质疑、辩论、合作等活动，引发学生的学习兴趣，师生之间、生生之间只有不断碰撞思维并产生共振，才能在整体推进的基础上，让不同学生的思维水平得到拓展，实现真正的学习。

### 四、教师对学生学习效果的把握是有效的

学生对课堂学习目标的理解和掌握，对数学思想方法的获得与运用，以及活动经验的积累，都需要教师采用一定的反馈设计进行跟踪、诊断。一方面，适性数学主张下的课堂，教师会通过设计有意义的分层作业，让不同程度的学生体验获得知识的愉悦，感受学习的快乐。如在学完"位置与方向"以后，教师可布置绘制方向图并进行描述（基础）、绘制学校地图并标注四个方向（拔高）、绘制从家至学校路线图并标注方向变化情况（卓越）等分层作业，让不同程度的学生都有收获。另一方面，教师会从学习心理、学习体验等方面对学生进行积极暗示，从而激发学生乐观、向上的心理状态。如对学习兴趣下滑的学生，教师能主动帮助其寻找原因和方法，并及时调整。

尽管上述几个方面看似简单，但实际上却包含了深厚的以"儿童为中心"的课堂教学观。整体上看，正是数学学科过于追求精准和简洁的特点，容易造成儿童在数学学科学习效果上的极大差异。不少学生因在数学课堂上难以"消化"教师传授的知识，难以"顺应"教师的教学方式，难以"感知"教师的评价激励等，进而对数学学科产生厌烦。而造成这种"消化"难、"顺应"难、"感知"难的原因之一，就在于教师对数学课堂把握的"一刀切"和片面性。数学课堂中的适性教学，实际上就是教师在基于对学生已有数学知识基础的充分认知（包含已有概念的建立、相关常识及理解方式等）和认真研究学生数学学习心理及思维方式的基础上，灵活采用多种途径引发学生的思维共振，产生积极学习效果的过程。简言之，就是充分理解学生基础水平（接近）——基于知识特点、学生学习心理及情绪状态研究

新知（合作对话、去情境化）—思维共生与完善（知识的连接、稳定及调用）。这一过程看似抽象，实际上体现出了教师从学生的学习立场出发不断转换方式达到积极效果的思路。

比如，在讲授人教版《数学》三年级下册有关"长方形的面积"一课时，教师需要在学生熟练掌握长方形、正方形的面积计算公式前，事先弄清楚"什么是面积""面积单位的类别及含义""长方形的面积如何获得"等问题，还要弄清楚不同程度学生已经拥有的知识基础。随后，教师应提供充足的教学材料，想办法与学生开展多种形式的互动，探究出长方形的面积（摆一摆、数一数、画一画、说一说）。在这一过程中，教师要关注到不同程度学生的参与质量及情绪反应，并及时给予爬坡式引导。比如，当教师引导学生用面积为 $1cm^2$ 的正方形摆一摆时，会出现"将正方形摆满整个长方形"和"只摆一行一列"的两种方法。教师要充分理解这两种方法背后的思维逻辑。前者倾向于面积的累加；后者则关注到行列特点，采用乘法计算的方式解决问题。随后，教师可再结合学生的不同思维特点对其进行及时、有效的评价与反馈。

最后，教师在引导学生获得有关长方形面积公式的过程中，应注意调动学生表达自己想法的积极性，在学生发言中，引导不同程度的学生完善已有的概念网络，获得良好的学习效果。

附：典型教学设计

## "什么是面积"教学设计

郑东新区基础教育教学研究室　谢蕾蕾

**本课主要看点：** 基于学生的认知基础、认知规律，利用多样素材，给予学生充分参与、表达的机会，使不同程度的学生思维得以不断碰撞、拓展、深化，促使学习在学生的主动参与中悄然发生。

### 教学内容

北师大版义务教育教科书《数学》三年级下册第五单元之"什么是面积"。

### 教材分析

"什么是面积"，在整个小学数学阶段属于"空间与图形"领域的知识。本课内容是建立在学生已经掌握了长方形、正方形的特征，熟悉了周长概念的基础上进行的，也是后续学习长方体、正方体表面积计算的基础。教材在安排上分三个层次引导学生逐步认识和体会。第一个层次通过比较数学课本与语文课本、1元硬币与1角硬币、两片不同形状的树叶三组实物面积大小的活动，让学生获得对面积的感性认识。第二个层次让学生用不同方法比较一个正方形与一个长方形的面积，使学生进一步理解面积概念，并体验比较面积大小策略的多样性，特别是感知正方形面积测量、比较的优点，为后面学习面积单位做好铺垫。第三个层次是通过在方格纸上画图形的活动，进一步认识面积的含义，并体验一个数学事实，即面积相同的图形可以有不同的形状。

### 学情分析

三年级小学生已经具备了初步观察、评估、验证的能力，具有摸一摸、比一比等动手操作能力，对物体表面大小的认识也有比较丰富的生活经验，能指出物体的表面等。在以往学习的基础上，学生已经掌握了长方形、正方形等平面图形的特征，熟悉了周长的概念，并学会了计算长方形、正方形的周长。

### 教学目标

1. 结合实例和图形，能准确地说出面积的含义。
2. 在操作活动中感知面积的特征，能用自己的话说出周长与面积的关系。
3. 经历比较两个图形面积大小的过程，体验方法的多样性，体会统一面积单位的必要性。

### 教学重点

结合实例理解面积的含义。

### 教学难点

探索比较两个图形面积大小的方法，体验方法的多样性。

### 教学过程

## 一、比大小，初步感受面积有大有小
### 1. 比周长

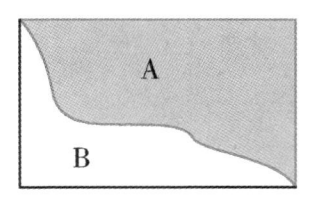

图 1

甲、乙两人相约分别围着图 1 中 A、B 两块场地的边线赛跑，甲输了，但他很不服气，于是他对乙说："我输了是因为我跑的路线比你跑的要长一些。"大家同意吗？

生回答，并说出理由。

小结：A、B 两块地的周长是一样的。

**2．比面积**

过了几天，甲、乙两人又相约比赛扫地，乙让甲先选，甲在心里嘀咕："既然它们的周长一样，那它们的面积也应该一样大。我还是扫上面的吧！"这种想法对吗？

生回答，并说出理由。

总结：它们的周长一样长，但面积却不一样大。

【设计意图】通过有趣的情境设置，考查学生对周长的掌握情况，并尝试调查学生对"面积"的认知水平，及时获得有效学情，为后续的研究奠定扎实基础。

## 二、探究新知，理解概念

**1．初步感知物体表面的面积**

生活中，你能在哪些地方感受到面积呢？请拿出数学书，伸出手摸一摸数学书的封面。你有什么感觉？

生回答，教师适当补充。

数学书平平的，这个封面的大小就是它的面积。我们能感受到口算题卡的封面面积吗？在哪儿？谁来摸一摸？

那么什么是面积呢？打开数学书第59页，赶紧看一看吧！

（板书：物体的表面或封闭图形的大小叫面积）

物体的表面指什么？你能举出例子说明吗？

生回答。

同学们说得都非常好。请同学们看老师手里拿的正方体、长方体、球、乒乓球，它们的面积在哪儿？

师生共同探究。

解决完刚才的问题，大家再看，这个橘子有面积吗？它的面积在哪儿？谁能帮我找找？

（剥开橘子皮，将其粘贴在黑板上）粘贴在黑板上的橘子皮，是不是它的面积？

教师引导学生说出理由。

(拿出一片树叶)你们有什么办法得到它的面积吗？

师引导学生用不同的方法描出橘子皮、树叶和数学课本的边线。

描好的三个图形中，谁的面积最大？谁的面积最小？

生回答。

我们可以用眼睛直接观察到谁大谁小，这种方法就是观察法。

【设计意图】运用丰富的适合学生理解的素材，激发学生对面积特征的认识。通过认识面、确定面的范围、比较面的大小各个环节的活动实际，让学生在真实情境中获得丰富的体验，感受知识的本质。

### 2. 深入理解封闭图形的面积

(出示幻灯片)图2中的图形有面积吗？（个别提问）

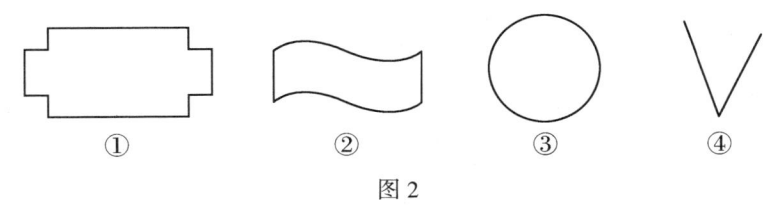

图2

谁能到大屏幕前摸出封闭图形的面积？（个别提问）

我们知道了封闭图形有面积，那么我们再来说一说什么是面积。

物体的表面或封闭图形的大小叫面积。

(幻灯片出示)下面的图形，哪些有面积？谁的面积最大？谁的面积最小？

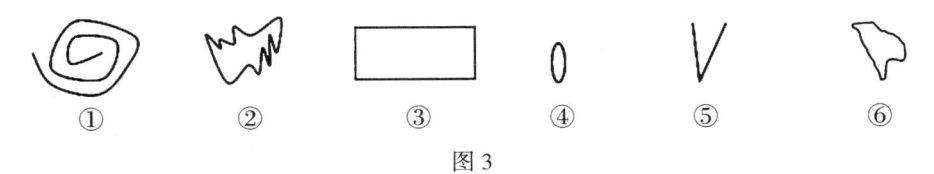

图3

【设计意图】通过观察各种类型的图形，挖掘学生在知识掌握方面可能存在的障碍，适时引导，适度启发，帮助学生感受面积的内涵。

### 3. 探究面积与周长的关系

图4中上下两个图形被灰色部分遮住了，猜测一下，谁的面积更大一些？为什么？

图 4

把图 5 中的图形①改动成图形②的样子，面积有什么变化？可以从图形③中看出。

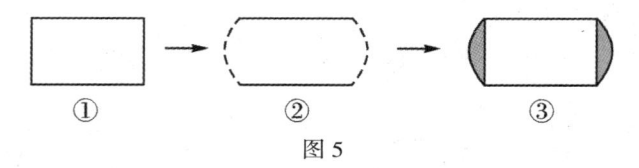

图 5

小结：周长变大，面积也变大了。

如果把图 6 中的图形①改动成图形②的样子，它的面积有什么变化呢？

图 6

小结：周长变大，面积变小了。

观察：图 7 中三个图形的周长和面积还有其他关系吗？

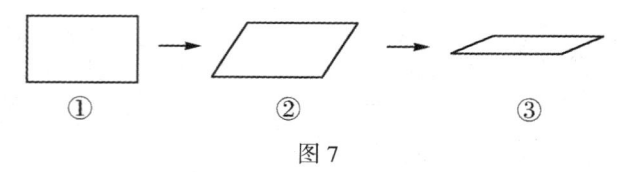

图 7

【设计意图】通过出示图形的动态效果图，激发学生认知发展区，在不断的对比、思考、交流中，感受面积与周长的区别和联系，帮助学生自主建构起对面积的完整认知图式。

### 三、活动探究，比较面积大小

（出示图片）这里有两个图形，请同学们观察：它们的面积谁大谁小？

①　　　　　　　　②

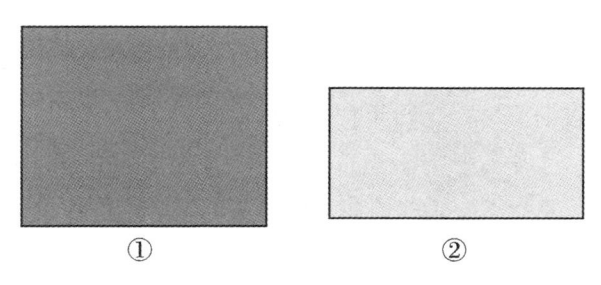

图 8

师引导学生多角度思考面积大小的比较方法。

我们刚才运用了比较面积大小时常用的方法——重叠法。还有其他比较这两个图形大小的方法吗？拿出学习卡片和学具，选择合适的工具试一试吧！

生动手探究。

除了我们刚才用到的工具，还有的同学使用硬币、三角形等来比较图形面积的大小。这些方法都是测量法。老师提醒你们：在比较图形的大小时，可以用小面积拼出图形，再比较小面积的数量。在比较的时候，要注意选择统一的工具。

【设计意图】设计比较两个图形面积大小的活动，激发学生主动思考、自主解决问题的意识。同时，初步建立起确定面积单位的意义，为后续课时的进一步学习搭建脚手架。

## 四、巩固练习，再次理解面积

用方砖铺满图 9 中的空地，哪块空地用的方砖最少？

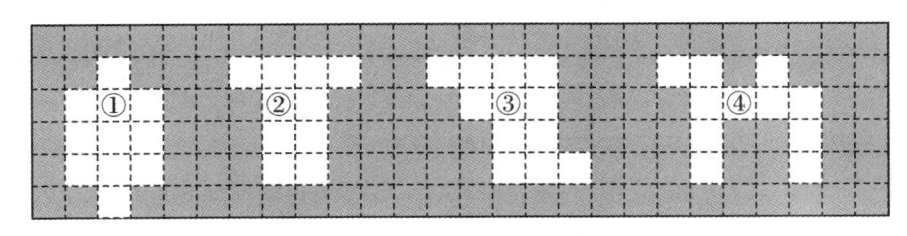

图 9

学生自由回答，师个别提问。

【设计意图】通过设计难度适中的铺地砖问题，加强数学学习与解决生活实际中的问题之间的联系，使学生在课堂中习得的数学知识得到实际运用。

### 五、全课总结

通过这节课的学习，你都收获了什么知识？

【设计意图】学习后对知识进行整理、汇总，顺应学生的认知规律，建立起学生对已学知识的认知图式，扩充其掌握知识的广度和深度。

## "小数的意义"教学设计

郑东新区基础教育教学研究室　谢蕾蕾

**本课主要看点**：教师通过轻松有趣的谈话，获得对学生认知基础的准确认识；通过准备三类适合学生认知规律的测量工具，为学生自主建构知识打下坚实基础；在不断深入适宜学生领悟的测量活动中加深学生对小数意义的深入理解；通过适合不同学生学习层次的练习设计引导学生获得成长。

### 教学内容

人教版义务教育教科书《数学》四年级下册第四单元之"小数的意义"。

### 教材分析

教材从学生测量教室桌椅的情境出发，引出学习小数的必要性。随后，通过对米尺刻度的认识与操作活动，从"小数是十进制分数的另一种表示形式"来说明小数的意义，使学生明确"分母是10、100、1000……的分数可以用小数表示"。在这一过程中，通过丰富的活动、对知识的分类与比较等，提升学生的语言表达能力和对知识的判断与推理能力。

### 学情分析

本课是在学生已经对小数的读写有了初步认识的基础上进行的。根据调研，多数学生对简单的一位小数认识较为清晰，且多从生活实例出发陈述。基于此，本课着眼于学生浓厚的探究兴趣，在学生已有的知识经验上因势利导，组织学生在小组中合作探讨，体会抽象和推理的数学思想方法。

### 教学目标

1. 利用米尺和面积研究分数和小数之间的关系,能表达出小数的意义:分母是10、100、1000……的分数可以用小数表示。能说出小数是十进制分数的另一种表示形式。

2. 借助熟悉的十进制关系原型多角度表述小数与分数的关系。通过自学,认识和理解小数的数位(十分位、百分位、千分位……)和计数单位(0.1、0.01、0.001……)。

3. 通过数数等活动,知道相邻两个计数单位间的进率是10。

### 教学重点

理解小数的意义,理解小数的计数单位及相邻两个单位间的进率。

### 教学难点

理解小数的计数单位及相邻两个单位间的进率。

### 教学过程

一、谈话引入,体会学习小数的必要性

我仔细观察了同学们的身高,发现有的同学都要超过老师了。现在,我做个小调查。

(随机提问)你的身高是多少?

生回答。

请问,你最后一次测量身高大约是在什么时候?

生回答。

现在,我们找两名同学用这把米尺再来帮你量一量身高。

【设计意图】基于学生生活经验,通过设计估计身高的适切性问题,激发学生的学习兴趣,了解学生对长度单位的认知情况,为后续课堂任务的完成打下牢固基础。

二、开展测量活动,初步探索一位小数的意义

**1. 第一次测量**

找两名学生拿1号米尺到讲台测量。

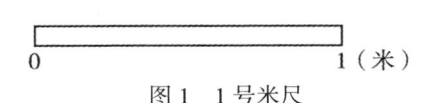

```
 ┌─────────────┐
 │             │
 └─────────────┘
 0             1（米）
```
图1  1号米尺

学生发现利用这把尺子没有办法测量,为什么?

生回答尺子上只有米,没有其他单位。

看来用整米的尺子测量不出这个同学的准确身高,那该怎么办?如果在上面标注出分米可不可以测量?现在把平均分成10份的尺子给你们测量,快去试试吧!

**2. 第二次测量**

找另外两名学生拿2号米尺到讲台测量。

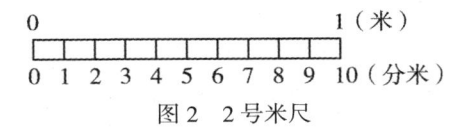

```
 0                    1（米）
 ┌─┬─┬─┬─┬─┬─┬─┬─┬─┬─┐
 └─┴─┴─┴─┴─┴─┴─┴─┴─┴─┘
 0 1 2 3 4 5 6 7 8 9 10（分米）
```
图2  2号米尺

1米5分米是多少米呢?看来,当我们在测量或计算时,如果不能正好用整数表示出结果,可以用小数表示。今天,我们就继续研究小数。(板书:小数的意义)

刚才的测量结果是比1米多出了5分米,多出的5分米是怎么来的?

生回答将米尺平均分成10份,每一份是1分米,多出5份,就是5分米。

1份是1分米,占1米的几分之几?(引导学生表述出 $\frac{1}{10}$ )

对,也就是 $\frac{1}{10}$ 米。用哪个小数表示?(引导学生表述出0.1米)

所以,多出的5分米用哪个小数表示?

生回答0.5米。

对。那么,0.5米表示什么?谁来给大家说一说?

(点名回答)

将1米平均分成10份,其中的5份就是0.5米。那么在这把米尺上,你还能说出哪些小数?

总结:像这样,小数点后面有一个数位的小数,称为一位小数。(板书:一位小数)

现在,你能找出图3这两幅图中的0.3吗?拿出学习纸,在图上分一分、涂一涂。

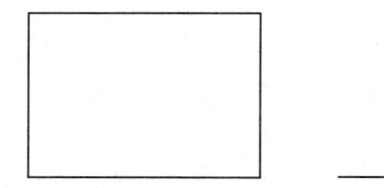

图 3

引导学生描述：把数轴或长方形平均分成 10 份，将其中的 3 份涂色，就是 0.3。因此，0.3 就表示十分之三。

还有谁也找到了 0.3？你还能找到哪些小数？未涂色部分用哪个小数表示？它表示什么？因此，一位小数就表示什么？

（十分之几）

教师列举几个小数，让学生理解其包含几个 0.1。0.1 是一位小数的计数单位。

小结：现在，我们对一位小数有了比较清晰的认识，知道了一位小数表示十分之几，它的计数单位是 0.1。

【设计意图】通过提供适合学生认知发展的"米尺"设计，帮助学生对小数意义的理解。第一次通过运用没有精确刻度的米尺测量身高失败的活动，引发学生对分米这一刻度描述的认知需求，顺应学生的最近发展区。第二次测量活动开始前，学生在对米尺进行刻度标注的过程中，当确定以"米"为单位时，激发学生感知 0.1 米代表的含义。此外，通过设计系列适宜学生认知需求的测量活动，引发学生对知识的主动探究意识。

### 三、巧设疑问，迁移对两位小数、三位小数意义的理解

**1. 认识两位小数**

借助神奇的尺子，我们认识了一位小数，但日常生活中的米尺一般是这样的（出示米尺）。这样的米尺和刚才的米尺相比，在测量方面有什么好处呢？

生回答。

现在，我们请两名同学用这把米尺第三次测量刚才这名同学的身高。结果是多少？

引导学生回答 1.56 米。

你是怎么得到这个结果的？

引导学生回答比 1 米多出 56 厘米。

这个时候，这把米尺一共被平均分成了多少份？每一份是多少？

生回答这把米尺一共被平均分了 100 份，每一份是 1 厘米。

1 厘米是整个米尺的几分之几？

生回答 $\frac{1}{100}$。

$\frac{1}{100}$ 米用小数表示就是多少？

生回答 0.01 米。

像这样的，小数点后面有两个数位的小数，称为两位小数。（板书：两位小数）这名同学的身高比 1 米多出 56 厘米，就是多出了 56 个 0.01 米。所以，两位小数的计数单位是几？（板书：0.01）

现在，你能在这把米尺上找到哪些两位小数？如果我们把米尺变成数轴和长方形，你能在上面找出 0.06 吗？同桌互相说一说找的方法。

小结：两位小数表示百分之几，计数单位是百分之一。

【设计意图】通过前期的测量活动，学生已对一位小数的意义有了初步认识。借助正常米尺第三次测量学生身高，给出了两位小数的信息，加深了学生对两位小数计数单位的认识。

**2. 认识三位小数**

同学们猜想一下，如果我们把刚才的米尺进行再次改造，将上面相邻的厘米之间再次进行十等分，那么这把米尺将是什么样子的？此时，它被平均分成了多少份？那么其中的一份用哪个小数表示？

引导学生表述出 1000 份，其中的一份用 0.001 表示。

像这样的小数，称为三位小数。请结合刚才对一位小数、两位小数的理解，思考：三位小数表示什么？它的计数单位是多少？

小组讨论：如何表示出 0.001？学生自由回答。（数轴、平面、几何体的平均分）

如果将正方体看作 1，将它平均分成 10 份、100 份、1000 份，那么每一份用哪个小数表示？用哪个分数表示呢？

引导学生表示 0.1（$\frac{1}{10}$）、0.01（$\frac{1}{100}$）、0.001（$\frac{1}{1000}$）。

试想一下：如果继续往下平均分，会出现哪个小数和分数？

引导学生表述 0.0001 和 $\frac{1}{10000}$。

对，这就是四位小数。当然，还有五位小数、六位小数等，我们用省略号表示。仔细观察，小数中，相邻两个计数单位之间存在着什么关系？

引导学生理解进率是十。

小数中每相邻的两个计数单位之间的进率同整数的计数单位是一样的，相邻的计数单位之间的进率都是十。

【设计意图】在以往几次测量活动的基础上，脱离实物引导学生思维拓展、深入，既通过规律性知识自然探究出三位小数的意义，又在脑海中自觉植入了极限思想的种子，进而让学生对小数意义的理解具备了具象依据。

### 四、分层练习，诊断对小数意义的理解程度

**1. 课堂练习**

通过刚才的学习，我们对一位小数、两位小数、三位小数的意义已经了解得很清晰了。学以致用，请同学们拿出学习纸，试着完成第三题吧。

**2. 说出生活中的小数**

生活中，小数的应用也非常广泛。2018 年 2 月，1994 年出生的武大靖在平昌冬奥会短道速滑男子 500 米决赛中，打破了世界纪录，强势夺冠。现在，让我们再次感受一下当时振奋人心的场景。

同学们，这一新的世界纪录是哪个小数？

生回答 39.584 秒。

同学们，你们知道在这个小数的背后，凝聚了选手多少的汗水和辛苦吗？老师也希望你们像武大靖一样，用点滴汗水浇灌更加精彩的成功。

【设计意图】题目的设计分不同难度，使不同程度学生的学习效果都能得到合适的检测，也让全体学生感受到拼搏的意义。

### 五、课堂总结，建构对小数意义的整体认知

愉快的一节课就这样结束了，通过学习，你有什么收获？

最后介绍对小数发展具有杰出贡献的两位数学家。

【设计意图】归纳学习收获，使学生建立对所学知识的系统认识，并内化到已有的知识结构中，形成一种有意义的思维方式。

# 第五章 吴艳庆：为理解而教

教师简介：吴艳庆，中共党员，本科学历，中小学一级教师，郑州市金水区骨干教师，郑州市优秀教师。曾在郑州市金水区青年教师基本功大赛中荣获一等奖；执教的课例多次在省、市、区优质课评比活动中获奖；主持、参与的课题曾获郑州市教育科研成果奖。在教学工作中追求「扎实、朴实、高效」的数学课堂。在工作中注重对教学方法的探索，对教育方式的研究。追求「为理解而教」，让每一个学生都能在理解的基础上学习并掌握知识，都能灵活地应用所学知识解决问题。

为理解而教是我的教学主张。

我认为数学上的为理解而教是为了帮助学生树立正确的数学态度,帮助学生准确认识和把握数学基本概念、公式、定理等数学知识的内涵和外延,教师在课堂上利用多种教学方式和手段达成学习目标的教学活动。

在教学中,我们可以通过数形结合、课堂提问、数学阅读、给足学生探索空间等方式促进学生对数学的理解,实现为理解而教的教学主张。

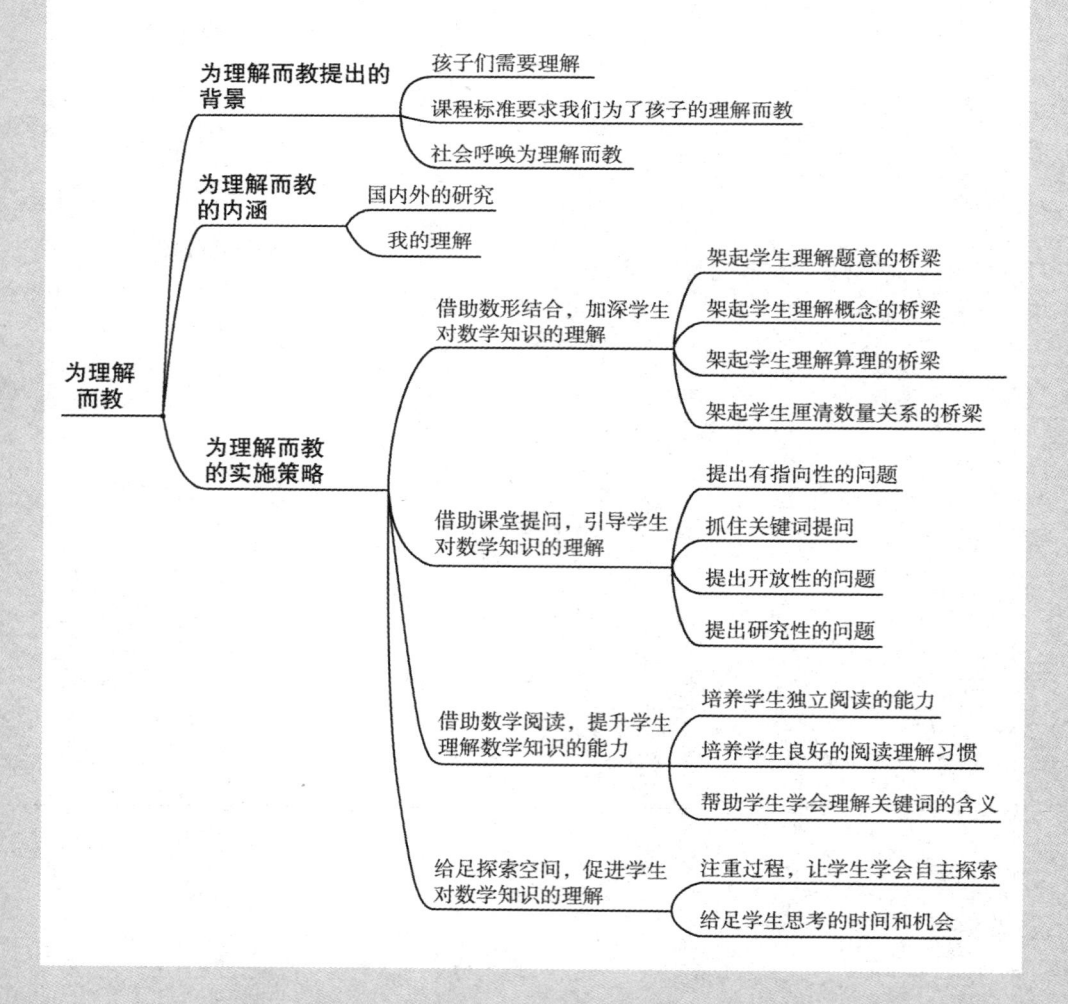

- 为理解而教
  - 为理解而教提出的背景
    - 孩子们需要理解
    - 课程标准要求我们为了孩子的理解而教
    - 社会呼唤为理解而教
  - 为理解而教的内涵
    - 国内外的研究
    - 我的理解
  - 为理解而教的实施策略
    - 借助数形结合,加深学生对数学知识的理解
      - 架起学生理解题意的桥梁
      - 架起学生理解概念的桥梁
      - 架起学生理解算理的桥梁
      - 架起学生厘清数量关系的桥梁
    - 借助课堂提问,引导学生对数学知识的理解
      - 提出有指向性的问题
      - 抓住关键词提问
      - 提出开放性的问题
      - 提出研究性的问题
    - 借助数学阅读,提升学生理解数学知识的能力
      - 培养学生独立阅读的能力
      - 培养学生良好的阅读理解习惯
      - 帮助学生学会理解关键词的含义
    - 给足探索空间,促进学生对数学知识的理解
      - 注重过程,让学生学会自主探索
      - 给足学生思考的时间和机会

# 第一节　为理解而教的内涵

## 一、为理解而教提出的背景

教学中，我经常会碰到以下情况：

[案例1] 一个梯形的下底长是上底长的3倍，将上底延长12厘米刚好形成一个平行四边形。请问：原来的梯形上底长和下底长分别是多少？

很多学生在认真审题之后仍然感到困惑，不能准确地找到解决问题的方法。其实，这就是学生未能真正理解"平行四边形对边相等"，不知道这个差倍问题中的"差"实际上就是延长的这12厘米。

[案例2] 一个平行四边形的一组邻边分别是4厘米和6厘米，其中一条高是5厘米，求这个平行四边形的面积。

学生不能准确确定哪一条邻边才是跟5厘米的高相对应的底，就会算出两种答案。其实，画出平行四边形的底和高，当然还要知道直角三角形斜边与直角边的关系（斜边＞直角边），那么，答案就明显是4×5=20（平方厘米）。

[案例3] 客车和货车同时从甲、乙两地相向而行，3小时相遇。已知客车和货车速度的比是6∶5，求客车行完全程需要多少小时。

有的学生看到这一题就不知所措了，问题的关键在于他们不清楚在时间相同时，客车和货车的速度比就是它们的路程比。如果知道这一点，这一题就变得容易了，客车3小时行了全程的$\frac{6}{11}$，每小时行$\frac{2}{11}$，$1 \div \frac{2}{11}$=5.5（时）。

[案例4]一辆汽车从甲地开往乙地每小时行驶40千米，沿路返回时每小时行驶60千米，求这辆汽车往返的平均速度。

不少学生的解法是：(40+60)÷2=50（千米／时），误以为去时的速度加返回时的速度再除以2就是往返的平均速度，这显然是没有明白平均速度的含义。

…………

像这样的现象在教学中见怪不怪，但我们也必须静下心来想一想，为什么会出现这样的现象？究其原因，还是学生对数学概念、公式、规律的理解和运用的能力不强造成的。

《义务教育数学课程标准（2022年版）》中指出："教学活动应注重启发式，激发学生学习兴趣，引发学生积极思考，鼓励学生质疑问难，引导学生在真实情境中发现问题和提出问题，利用观察、猜测、实验、计算、推理、验证、数据分析、直观想象等方法分析问题和解决问题；促进学生理解和掌握数学的基础知识和基本技能，体会和运用数学的思想与方法，获得数学的基本活动经验；培养学生良好的学习习惯，形成积极的情感、态度和价值观，逐步形成核心素养。"

布鲁纳也认为，理解不仅仅是把新知识与先前的知识产生联系，而是创建了一个丰富的、整合的知识结构……当知识被高度结构化的时候，新的知识就能被连接，并被融合进已有的知识网络中，而不是只产生元素之间的单个连接……高度结构化的知识不易被遗忘，它有多重途径被找回，而孤立的知识片段更难于被记忆。

在布鲁纳的这段话里，理解的意义清晰可见。首先，知识的理解有助于记忆，更易于同化与理解新知识、新信息。其次，知识只有被深刻理解了，才具有迁移与应用的活性。创造源于理解，数学知识亦是如此。

看来，学生对知识的应用必须建立在学生对数学知识的理解基础之上。因此，我将"为理解而教"作为教学主张，应用在数学教学上。

## 二、为理解而教的内涵

"理解"本是日常生活中的一个普通用语,一般指人们对事物认识和把握的思维过程。但随着教育哲学、解释学等相关理论的研究和开拓,"理解"逐渐成为一个具有特定含义的专业术语。它不再简单地被视为"知道、了解",而是被视为人存在的基本方式,对人的生存和发展具有重要意义。人们超越传统的认识论范畴,在存在论、本体论意义上重新审视其意义和价值。教育教学活动作为人类生活的重要组成部分,与"理解"有着天然的联系。因而"理解"内涵的扩展,对教学实践就具有了新的意义和价值。

什么是理解?我们往往把它定义为人的一种理性的认识活动。但理解不仅仅是认识事物的一种行为,同时也是解释世界的一个过程。因此,从解释学看来:生活就是一种不停的解释活动。对于这一点,有学者给出了一个更为详细的回答。他们分析后发现,理解无非两种含义:其一,理解是指揣摩、体会和把握文本作者的原意;其二,理解是指新意义的生成。前者强调理解在于重现作品中作者的原意;后者强调理解的目的不是要去把握作品的原意,而是在作品视界与读者视界的不断融合中产生新的意义,即在新的理解的基础上催生新的意义。因此,理解在认识论和解释学上都有其意义,对于教学而言两者都应被重视,不可偏废。

从教育哲学的观点来看,理解是一种能力。教育学家玛莎·斯通·威斯克认为:理解是指能够在给定的资讯外有所超越,并能够创造性地运用自己的知识。如果某人能够证明自己可以把知识正确、恰当地应用到新的情境中,而他又是在未得到任何特别指导的情况下自发地完成这项行动的,那么,我们就可以认为这个人已经达到了真正的理解。

柏金斯,加德纳"哈佛大学零方案"的协同主持人,认为:理解指个体可以运用信息做事情,而不是他们记得什么。当学生理解事物时,他们可以用自己的话来解释概念,在新的情境中能够适当地运用信息,做出创新的比喻及推论。可见,理解的含义不仅仅是明白、懂得的意思,更是应用知识的能力,是创新的基础和前提,因为只有理解了知识才能应用知识,只有理解了已有的知识才能创造出新的知识。由此可见,对学生理解能力的培养充分满足了当今时代对人才核心素养的需求。

为理解而教是20世纪90年代，由哈佛大学教育研究生院研发的一种教学模式，2006年开始引入中国。其对深化新课程改革有着重要的现实意义：有利于提高学生的创新能力和问题解决能力，转变教师的教学观和学生观等。

近年来，随着我国基础教育课程改革的不断推进，课改进入了深水区。有专家认为，课程改革必须实现课堂教学的改革，才能最终实现其改革的目标，如果课程改革不能在课堂教学这个环节有根本的变革，那么课程改革的目标就不能够真正实现，课程改革的理念也不能得到体现。我国的很多专家和学者也对理解性教学进行了研究和探索，并对为理解而教的教学模式进行了探索。为理解而教包含启发性论题、理解目标、理解活动和持续性评估四个步骤的教学模式。

通过学习国内外研究资料，我认为数学上的为理解而教是为了帮助学生树立正确的数学态度，帮助学生准确认识和把握数学基本概念、公式、定理等数学知识的内涵与外延，教师在课堂上利用多种教学方式和手段达成学习目标的教学活动。

# 第二节 为理解而教的实施策略

小学生因心智发展尚未成熟,对知识的理解能力有限,教师需要采用有效的方法帮助他们理解知识、概念、公式、规律等。学生只有对数学知识的本质理解了,才能谈得上对数学知识的应用。下面我依据多年的教学实践和经验,从数形结合、课堂提问、数学阅读、探索空间等几个方面谈一谈落实为理解而教的具体方法。

## 一、借助数形结合,加深学生对数学知识的理解

华罗庚指出:数缺形时少直观,形少数时难入微;数形结合百般好,隔离分家万事休。"形"和"数"是数学知识表现的两种形式,"数"准确而抽象,"形"形象而粗略。数形结合的实质就是将抽象的数学语言与直观的图形联系起来,使抽象思维和形象思维有机结合,借助图形发挥直观对抽象的支柱作用,揭示数和形之间的内在联系。

数形结合是小学数学教学中提高学生理解能力的重要方式。在小学数学教学中发现,学生在短期内很难养成良好的理解能力,这与小学阶段学生对汉字掌握较少有关,与学生的语言理解能力也有一定关联。要想提高学生的理解能力,数学教师在教学中应该将教学内容以一种直观的形式呈现给学生,帮助和促进学生对知识的理解和掌握。

### （一）运用数形结合架起学生理解题意的桥梁

读懂题意就是用自己的方式重新组织问题中的信息，并根据自己的经验和知识对有关信息进行区分和整理，明确其隐含的条件及所需要解决的问题。

我们都很清楚，解题的第一步就是读懂题意，明确题目要求我们做什么，进而确定我们如何做，怎么去做。如果学生读不懂题意，就很难将题目正确地解答出来。我认为，学生不能准确地读懂题意主要是因为没有充分经历"认真读题、仔细推敲、简化题意、模拟直观"的过程，数形结合有助于学生更准确和全面地读懂题意。

例如，教学北师大版《数学》五年级上册"找最大公因数"时，我们可以这样引导学生读懂题意。

教师出示题目：如果将一张长16分米，宽12分米的大长方形纸裁成若干个大小相等的小正方形，你认为小正方形的边长可以是多少分米？（要求小正方形的边长是整分米数）

引导学生：你能读懂题目的意思吗？画图表示出你的理解。

展示图形：教师选择三种典型图例（图1、图2、图3），让学生观察小正方形的边长可能是多少分米。

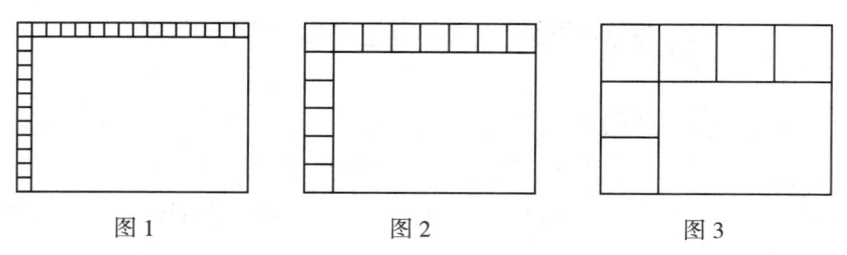

图1　　　　图2　　　　图3

思考：小正方形的边长分别与大长方形的长和宽有什么关系？

利用数形结合，帮助学生理解"小正方形的边长就是16和12的公因数"。

学生在教师的带领和指导下，经历了用数形结合的方式理解数学知识的过程，在学习新的数学知识时，他们也会仿照样子，通过画图来帮助自己理解知识的内涵。

### (二)运用数形结合架起学生理解概念的桥梁

形成概念就是学生从许多具体事例中以归纳的方式概括出一类事例的本质属性。学生不能形成概念主要是因为没有经历"将丰富的感性材料加以去粗取精、去伪存真、由此及彼、由表及里"的改造过程。数形结合能使比较抽象的概念转化为清晰、具体的图形,从而让学生更好地发现事例的本质属性或规律。

例如,教学北师大版《数学》四年级下册"认识三角形"时,我们可以这样引导学生形成概念。

交流:这节课重点研究三角形(板书:三角形)。你在哪里见过三角形?你对三角形已经有了哪些了解?

引导:你会画三角形吗?请闭上眼睛用彩笔在纸上画一个大小适中的三角形。

展示:给学生观看三个典型的图形(如图4、图5、图6)。

图4　　　　　图5　　　　　图6

评析:这三个图形是你印象中的三角形吗?为什么?

交流:图4中的三条边不是线段,图5不是封闭图形,图6中两条线段的端点没有重合。

思考:你认为三角形是怎样一种图形?

板书:由三条线段围成的平面图形(每相邻两条线段的端点相连)是三角形。

就这样,利用数形结合帮助学生很快形成"三角形是怎样一种图形"的概念。

又如,教学北师大版数学二年级上册"乘法"时,我们可以这样引导学生形成概念。

课堂上用相同的图像引导学生列出同数相加的算式,这样一方面利用数形结合思想直观、形象、生动的特点展现乘法的初始状态,使学生懂得乘法的由来(知识的产生与发展);另一方面借助学生已有的知识经验——

看图列加法算式,加深图形、算式的对应思想,无形中也降低了学生对乘法意义理解的难度。

在实际课堂教学中运用幻灯片展示一个盘子里有3个苹果,然后再依次展示4个同样的盘子。提出问题:如何计算4个盘子里总共有多少个苹果呢?学生自然会用同数相加的方法来表示。接着,教师一边出示幻灯片一边提出:"如果有20个盘子,30个盘子,甚至100个盘子,你们怎么办呢?"学生听到这个问题顿时一片哗然:"算式太长了,本子都写不下呢。"这时,教师便可以适时提出乘法概念。数形结合使学生不仅理解了乘法的意义,而且懂得了乘法是求相同加数和的简便运算。

**(三)运用数形结合架起学生理解算理的桥梁**

小学数学中,有相当部分的内容是计算问题,计算教学要引导学生理解算理。但算理对于学生来说,理解起来并不容易。在教学中很多教师在计算方法的研究上下了很大功夫,却忽视了引导学生对算理的理解。我们应该意识到,算理就是计算方法的道理,学生不明白道理又怎么能更好地掌握计算方法呢?教学时,教师应以清晰的理论指导学生理解算理,在理解算理的基础上掌握计算方法,使学生既知其然,也知其所以然。虽然教学内容不同,引导学生理解算理的策略也是不同的,但我认为数形结合是小学阶段帮助学生理解算理的一种很好的方式。

例如,在教学"分数加法"时,我创设了吃蛋糕的情境:小明过生日,他吃了这个蛋糕的$\frac{1}{8}$,妈妈吃了这个蛋糕的$\frac{2}{8}$,他们两人一共吃了这个蛋糕的几分之几?

在引出算式$\frac{1}{8}+\frac{2}{8}$后,我采用三步走的策略给学生讲解算理。第一步,让学生独立思考后用图形来表示出$\frac{1}{8}+\frac{2}{8}$这个算式。第二步,让小组同学相互交流,展示自己画的图形,交流自己的想法,以便更好地理解$\frac{1}{8}+\frac{2}{8}$这个算式所表示的意义。第三步,全班点评,展示、交流。

学生借助直观的图形更容易理解"同分母分数加法,分子相加,分母不变"这个计算法则。

再如，在教学"有余数的除法"时，我利用7根小棒来完成教学。首先向学生出示7根小棒，问他们利用这7根小棒能搭出几个三角形，并要求学生用除法算式表示搭三角形的过程。

像这样，把算式形象化，可以使学生看到算式就能联想到图形，看到图形就能联想到算式，更加有效地理解算理。

**（四）运用数形结合架起学生厘清数量关系的桥梁**

数形结合能使数量之间的内在联系变得比较直观，是解决问题的有效方法之一。在分析问题的过程中，根据问题的具体情形，把图形的问题转化为数量关系的问题，或者把数量关系的问题转化为图形的问题，可以使复杂问题简单化，抽象问题具体化，化难为易。

在教学二年级上册"比多比少"的实际问题时，为了让学生能厘清数量关系，可以通过数与物（形）的对应关系，帮助学生建立起同样多、多的部分、少的部分、大的数、小的数等较抽象的数学概念，从而掌握比多比少是用大的数减去小的数、求大的数是用小的数加上多的部分（或少的部分）、求小的数是用大的数减去少的部分（或多的部分）的方法。

在教学二年级上册关于倍数的实际问题时，教材首先通过数与物（形）的结合，帮助学生初步建立起倍数的意义，即求一个数的几倍就是求几个这样的数是多少。在学生初步建立起倍数概念的基础上，逐步过渡到数与形结合，即利用线段图帮助学生理解、掌握倍数的意义。在将来的数学学习中，随着知识难度的增大，用画线段图的方法来解决问题，也是学生学习中方便操作且行之有效的方法。

比如，鸡兔同笼问题就可以从图形中总结出解决方法。如：鸡和兔一共有8只，腿有22条。问：鸡和兔各有多少只？

如果用算术方法解决鸡兔同笼问题，有的学生不能完全理解，而借助画图，一步一步总结方法和规律，可以帮助学生理解，具体如图7。

画 8 个 ○，　　　　　假设全是鸡，　　　　根据题意，还少
表示 8 个动物　　　　共有 16 条腿　　　　22－16=6（条）
　　　　　　　　　　　　　　　　　　　　6÷2=3（只）
　　　　　　　　　　　　　　　　　　　　所以有 3 只兔，5 只鸡

图 7

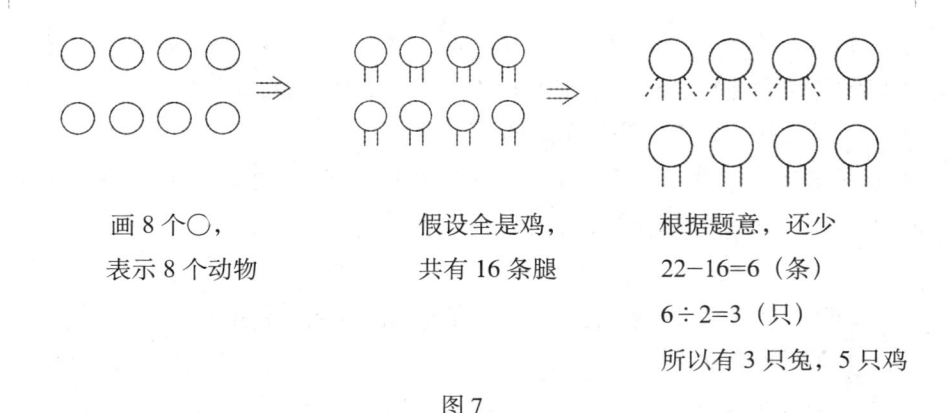

## 二、借助课堂提问，引导学生对数学知识的理解

课堂提问是课堂教学中一种很重要的方法和手段，也是帮助学生理解的有效方式。在王允庆、孙宏安所著的《高效提问》一书中提到：如果我们从活动本身出发，就会看到人类的活动就是以问题为起点的。问题的已知相当于活动的条件。问题的目标，即问题的解，相当于活动目的。问题遇到的障碍就是由已知到目标的困难，如果克服了困难，我们就可以说"得到了结果"。课堂提问能够使提问者和被提问者融入一个共同的领域或者一个共同的语境之中，只有把问题放到提问的语境中，才能产生教学互动，才能促进学生的理解。

### （一）提出指向性的问题，促进学生对数学知识的理解

教学方法和策略是为教学而服务的，是由教学目标所指引的，所以课堂教学的提问也应该是为了达到我们的教学目标而设定的。

要提高课堂的实效性，我们就要进行有效的课堂提问，使学生在问题的驱动下学习得更加有效。如何进行有效的课堂提问呢？教师依据教学目标所设定的问题必须具有明确的指向性。

比如，北师大版《数学》二年级上册"分物游戏"一课的第一环节是"把 4 个桃子分给两只猴子"，该环节的目的是让学生在分桃子的过程中体会不同的分法，在比较中初步感受"平均分"的意义。一名老师这样设计：

把4个桃子分给两只猴子,你会怎样分?根据学生的生活经验,4个桃子、两只猴子,当然是每只猴子分两个桃子了。可这样的答案并不能在对比中让学生感受平均分的意义。为什么会出现这样的答案呢?我们来看老师的问题:把4个桃子分给两只猴子,你"会"怎样分?根据学生的经验和所受的教育,学生肯定想到的是每只猴子要分得一样多,只有这样,他们才会觉得比较公平。可这样的答案并不是老师想要的,怎么办?我们不妨把老师的问题换个说法:把4个桃子分给两只猴子,"可以"怎样分?虽然只是调整了"可以"两个字,但意思就不一样了。"'可以'怎样分"的结果就是多样性的,每只猴子可能分得一样多,也可能分得不一样多。这样的提问就直指活动的目的,能够使学生在多样性的分法中对分的方法和分的结果进行对比,体会平均分的意义。

提问有了明确的指向,学生才能在教师的引领下积极地参与课堂教学,加深对数学知识的理解,从而提高课堂教学的有效性。

### (二)抓住关键词提问,促进学生对数学知识的理解

为了促进学生对数学知识的理解,我们可以依据教学目标和教学内容,找出所学知识的关键词,并以关键词设置问题。

例如,在教学北师大版《数学》六年级上册"比的化简"一课时,学生需要掌握和理解化简比的必要性和方法,所以在课堂上,我就抓住了"比值的大小不变"进行课堂的教学提问:

冬天到了,天气干燥,喝点蜂蜜水对我们的身体是很有好处的,(出示情境图)这不,淘气和笑笑分别调制了一杯蜂蜜水。你能判断出谁调制的蜂蜜水更甜吗?

没有信息我们是无法进行判断的。那你需要什么信息呢?(课件出示)

|  | 蜂蜜 | 水 |
|---|---|---|
| 淘气 | 3小杯 | 12小杯 |
| 笑笑 | 4小杯 | 16小杯 |

你获得了哪些信息?

课上，首先结合情境提出问题"哪杯蜂蜜水更甜"，调动学生已有的生活经验，使其意识到不知道两杯蜂蜜水中蜂蜜与水的具体量是无法进行判断的。而后又引导学生联系所学知识，想到用"比"来表示每个杯子中蜂蜜与水的关系，借此体验数学与生活的联系，培养学生的问题意识，发挥学生学习的主动性。

利用"哪杯蜂蜜水更甜"这个问题，抓住了比值的大小不变，进行课堂问题情境的创设和问题的设计，学生在我的引领下，感受了化简比的必要性，也理解并掌握了比的基本性质，达成了教学目标。

### （三）提出开放性的问题，促进学生对数学知识的理解

现代教学论认为：学生有了问题，才会有思考和探索；有思考和探索才会有创新，才会有发展。开放性问题是促使学生形成良好认识结构的推动力，也是引导学生自主学习的重要措施。

例如，在教学北师大版《数学》二年级上册"分糖果"时，我曾经这样设计课堂提问：将50颗糖果平均分给4个小朋友，每个小朋友可以分几颗糖果？还剩几颗？学生用事先准备好的小棒开始分，能力较强的学生，在尝试了几次平均分以后得出了结果。但是能力较弱的学生，连50颗糖果都数不清楚，结果可想而知。还有的学生花了很长时间数出了50颗糖果，但是不知道怎样平均分成4份，也不知道给每个小朋友分多少。面对学生学习能力的不同，更应该设计开放性问题，以便更好地促进学生对数学知识的理解。后来，我把问题改为："50颗糖果平均分给4个小朋友，你会怎样分？用你的小棒摆一摆，分一分。"在课堂上，我发现这样开放性的问题能够引导所有学生去动手，能力较强的学生可以通过摆一摆、分一分的过程明确每个小朋友分到几颗糖果，还剩下几颗，并能准确叙述出来；能力较弱的学生虽然可能叙述不出，但他通过摆一摆、分一分可以解决每个小朋友平均分到几颗，还剩下几颗的问题。

问题有了开放性，不同程度的学生可以依据自己的学习情况进行不同角度的思考，这样不仅提高了他们参与课堂学习的积极性，也提高了课堂效率。

### （四）提出研究性的问题，促进学生对数学知识的理解

研究性是课堂提问的灵魂，缺少研究性的提问是无意义的提问。因此，教师设计的问题要能够激活学生的思维，引导学生去探索、去发现。教师要把新的知识建立在已有知识的基础上进行教学，让学生不但了解"是什么"，而且能发现"为什么"。

例如，在教学北师大版《数学》五年级下册"确定位置（二）"一课时，学生已经认识了确定位置的两种方法：方向＋距离和数对。但这两种方法具体应该怎么应用，又有什么区别呢？因此，我设定了如下的问题情境：

乐乐是一个旅游爱好者。这不，乐乐利用清明节假期到大鸣山游玩去了。可是，乐乐在大鸣山独自游玩时迷失了方向，找不到大本营的位置了，你能帮帮他吗？

(1) 认真观察大鸣山风景区的平面图，找出大本营在大鸣山的什么位置。

(2) 你是如何确定大本营的位置的？（方向＋距离）你是怎么确定方向的？距离呢？

这一系列具有研究性的问题，激活了学生的研究欲望，学生们积极动脑思考、动手验证、小组讨论，最终形成结论，理解并掌握知识。

## 三、借助数学阅读，提升学生理解数学知识的能力

在日常教学中，我们常常发现，一些学生在做计算题时正确率很高，但遇到判断题、解决问题等题目时却由于不理解题目中文字所表达的意思或没有正确阅读而造成许多错误，这种现象在低年级段尤为明显。学生不能够准确理解概念的内涵和外延，不单单是因为数学知识掌握少的问题，也有阅读能力不强的原因。

我们普遍认为学生的阅读理解能力只表现在语文学科中，其实数学学习中也处处存在阅读理解。能否正确地阅读、理解题目的要求或题目中包含的意义，与学生阅读理解能力的强弱有直接关系。

### (一)培养学生独立阅读的能力

一年级学生识字量和语文知识水平不高,造成他们阅读能力不够。他们常常依赖老师或家长帮助其读题、分析题意,没有自己阅读题目的习惯。我们经常在批改作业中发现,刚刚做过要求画出一组题中得数较大算式的题目,这一次再做类似的题型,只不过题目要求变成了在得数较大的算式后面画"√",许多学生做题时竟然还是按照以前遇到过的要求做题,究其原因是他们在做题之前根本没有阅读题目要求,也就谈不上按要求正确完成习题了。针对这一现象,一年级教师应在平时的教学中潜移默化地引导学生自行读题、独立理解题意。学生学完拼音之后,教师可给题目的要求注上拼音,让学生独立读题。读题时先要求读出声音来,把书面文字转化为有声语言,使学生眼、耳、口、心并用,接下来可以让学生有意识地重读需要注意的地方和关键词语。对那些学生读了两遍之后还不能正确理解的地方,教师再有针对性地加以讲解。这样不仅可以训练学生的阅读理解能力,还能让学生养成在做题之前阅读题目要求的良好学习习惯,从根本上减少并杜绝上述错误情况的发生。

### (二)培养学生良好的阅读理解习惯

在平时的教学或练习中,我们经常发现学生会有稀奇古怪的错误出现,究其原因是因为学生在做题时读题不够完整。例如,有这样一道填空题:100个一是( )个十。有些学生读题时只看到括号为止,把题目理解为100个一是( ),然后就不假思索地在括号里填上100。

针对这一现象,教师应教给学生正确、良好的阅读方法,首先要读完整题目再思考,其次对于读了一遍还不能明白意思的题目要多读几遍,最后将答案填写好之后还要再将题目完整地读一读。有许多错误往往通过最后完整地阅读一下,就能发现。教师只有在平时的练习、作业中经常提醒,注意渗透,低年级学生才能慢慢养成良好的阅读习惯。另外,教师还可以经常出一些题组的对比练习,如出示这样两组题目:

① 5+3=　5×3=　5−3=
② 6−2=　6×2=　6+2=

让学生先计算出得数,再观察这两组题目有什么相同点和不同点。学生通过自己的观察发现每组题目的数字都是相同的，但运算符号不同，它们的计算结果也不同。在学生感知到这一点之后，请他们来做小老师，提醒一下大家在计算时要注意一些什么问题，学生自然而然就会说出"计算时先要看清楚计算的符号再进行计算"这一注意点。事实证明，由学生自己得出的结论他们能记得特别牢。经常做题组练习，可以让学生体会到做题之前先仔细阅读题目、正确理解题意的重要性，久而久之学生就能逐步养成良好的阅读理解习惯。

### （三）帮助学生学会理解关键词的含义

低年级学生对于题目含义的理解往往是表面的、浅层的。对于一些比较关键的词语，学生不能抓住，这就造成了理解上的偏差及错误。例如，有这样一道画图题：第一行画 5 个〇，第二行画△，△的个数是〇的 3 倍。让学生独立完成这道题目时，有好几个学生在第二行还是画的〇，并没有按题目要求的那样画△。讲解时，教师先请学生读题，然后把自己认为比较关键的词语找出来，这样一找，有些画错的学生马上就发现了自己的错误。经过一段时间的试验，我发现让学生在做题之前先把关键字词圈画出来再完成题目的方法还是比较有效的，能够在一定程度上减少由于读题所带来的错误。

此外，还存在这样一种情况：学生能够正确地找到关键词，但由于知识水平、理解能力的局限，他们没有办法自己进行正确理解。这就需要教师在学生第一次遇到这类题目时加强指导。例如，在认识人民币之后，有这样一道解决实际问题的题目：一个足球的价钱是 45 元，小明付的钱正好，请问，他最多付了几张 10 元的人民币？学生读题之后感到无从下手，找不准解题的关键，不能理解题意。此时，教师就应帮助学生来找出解答这道题目的关键，引导学生思考"什么叫作'小明付的钱正好'"，帮助学生找到解答这道题目的一个隐含的也是最为关键的条件：小明付了 45 元钱。通过这样的转化，原来的问题就变成了如下问题：一个足球的价钱是 45 元，小明付了 45 元钱，请问：他最多付了几张 10 元的人民币？学生面对这样的问题，解决起来就容易多了。通过这一道题目的讲解，教师教会了学生理解、解决这一类问题的方法。在解决这一问题的过程中蕴含了数学思想方法中的一个重要思想——转化，可能通过这一次的练习学生并不能体会到这一思想，也谈不上在解答其他题目时运用这一思想，但是我相信通过一次又一次的渗透，学生的脑海中会深深留下这一思想的烙印，并在今后逐渐学会灵活运用。

## 四、给足探索空间，促进学生对数学知识的理解

"为了每一位学生的发展"是新课程的核心理念。当学生对某种感兴趣的事物产生疑问并急于了解其中的奥秘时，教师不能简单地把自己知道的知识或结论直接讲给学生听，而应该鼓励学生自主探索，让学生经历观察、猜测、推理、证明等数学活动过程，让他们大胆地"再创造""再发现"数学。学生都有其内在的发展需求，都具有一定的发展潜力。教师必须重视充分激发学生的主动意识和进取精神，认真进行探讨和研究自主、合作、探究的学习形式，为学生撑起一片自主发展的空间。

### （一）注重过程，让学生学会自主探索

合作学习能够避免传统教学中只有部分学生参与学习的状况，以同龄人组成的学习小组更容易形成和谐、愉快的探究氛围。随着探究的深入，每个学生都能在合作学习中选择符合自己兴趣的角色，并在小组中自愿承担一部分学习任务，做到自主发展。这样，学生的责任感得以加强，学生的思维也可以在讨论交流中得到提高。

### （二）给足学生思考的时间和机会

每个学生都有自己的知识经验、能力水平和学习方法，给学生充足的时间和机会去思考，有助于激发学生的学习兴趣，促进智力的发展和知识水平的提高。例如，教学"平行四边形面积计算"时，我提出"平行四边形面积计算与正方形、长方形面积计算有关系吗？需要知道什么条件？又怎样计算？"这样的问题能够鼓励学生积极思考。学生有的翻看教材，有的画图分析，有的拼图思考……努力寻求解决平行四边形面积计算的方法和途径。又例如，教学"认识图形"时，我先让学生选择自己喜欢的一个

学具（长方体、正方体、圆柱体、球体等），再通过摸一摸、滚一滚、看一看、数一数等探索活动让学生自己进行观察、研究，最后在四人小组内讨论、交流自己的发现和想法。这样的教学活动可以促使学生主动探索、思考，加深对各种形体特点的认识。

《义务教育数学课程标准（2022年版）》中的课程总目标指出："通过义务教育阶段的数学学习，学生逐步会用数学的眼光观察现实世界，会用数学的思维思考现实世界，会用数学的语言表达现实世界。"只有当学生具有一定的阅读、分析、理解能力，才能实现这一目标。

教给孩子知识很重要，教给孩子能力更重要。为理解而教是我的教学主张。希望在我的努力下，学生能够真正地接受数学、理解数学，能够对数学知识"知其然，知其所以然"。

附：典型教学设计

## "比的化简"教学设计

郑州市金水区实验小学　吴艳庆

**本课主要看点：** 通过创设蜂蜜水甜不甜的问题情境引导学生积极观察、思考、辨析，从而理解、掌握本节课的学习内容，并利用所学知识解决问题。本节课的教学设计体现了为理解而教的教学主张。

### 教学内容

北师大版义务教育教科书《数学》六年级上册第六单元之"比的化简"。

### 教材分析

"比的化简"是在学生认识了比的意义之后学习的。教材联系学生的生活创设问题情境，让学生在解决问题的过程中加深对比的意义的理解，进一步感受比、除法、分数的关系，体会化简比的必要性，学会化简比的方法。

### 学情分析

学习本课之前，学生已经认识了比，理解了比，知道比与除法、分数之间的关系，学会求比值，并能用比的知识解释一些简单的生活问题。本节课的知识点将为学生后面学习比的应用打下基础，也为以后学习比例做好铺垫。

### 教学目标

1. 在比较蜂蜜水甜不甜的情境中,进一步理解比的意义,体会化简比的必要性。
2. 在观察、比较中,根据商不变的性质或分数的基本性质总结出比的基本性质,并能根据比的基本性质化简比,解决一些简单的实际问题。
3. 促进知识迁移,培养学生的概括能力。

### 教学重点

正确运用比的基本性质来化简比。

### 教学难点

正确运用比的基本性质来化简比。

### 教学过程

#### 一、情境引入

冬天到了,天气干燥,喝点蜂蜜水对我们的身体是很有好处的,(出示情境图)这不,淘气和笑笑分别调制了一杯蜂蜜水。你能判断出谁调制的蜂蜜水更甜吗?

生回答没有信息是无法进行判断的。

师出示课件,展示信息。

|  | 蜂蜜 | 水 |
|---|---|---|
| 淘气 | 3小杯 | 12小杯 |
| 笑笑 | 4小杯 | 16小杯 |

教师问学生从课件中获得了什么信息,并随学生回答板书:

|  | 蜂蜜 | 水 | 蜂蜜与水的比 |
|---|---|---|---|
| 淘气 | 3小杯 | 12小杯 | 3∶12 |
| 笑笑 | 4小杯 | 16小杯 | 4∶16 |

【设计意图】先是直接结合情境提出问题"哪杯蜂蜜水更甜",意在调动学生已有的生活经验,使其自己意识到,不知道两杯蜂蜜水中蜂蜜与

水的具体量是无法进行判断的。而后又引导学生联系所学知识,想到用"比"来表示每个杯子中蜂蜜与水的关系。利用问题引发学生的思考,依据"比"的知识解决问题,从而加深对知识的理解。

## 二、探索新知

### 1. 体会化简比的必要性

(再次提出问题)哪杯蜂蜜水更甜呢?想想办法,先和同桌交流。

请全班交流你的想法与依据。

随学生回答板书方法一:求比值。

$3:12=3÷12=1÷4=\frac{1}{4}$

$4:16=\frac{4}{16}=\frac{1}{4}$

$3:12$ 和 $4:16$ 的比值都是 $\frac{1}{4}$,也就是说:两个杯子中的蜂蜜与水的比其实都是1:4。(在式子后板书:1:4)

$3:12=3÷12=1÷4=\frac{1}{4}=1:4$

$4:16=\frac{4}{16}=\frac{1}{4}=1:4$

说一说,这个同学是怎么判断的?

小结:看!虽然所用的量不同,但两杯中蜂蜜与水的比实际上都是1:4,比较的结果是一样甜。

提问学生,板书方法二:化简比。

$3:12=(3÷3):(12÷3)=1:4$

$4:16=(4÷4):(16÷4)=1:4$

这种方法你明白吗?对不对呢?没关系,我们先放一放,等会儿再来判断。

我也想调制一些蜂蜜水,并且想和他们调得一样甜,你有什么好的建议?

如果调制这些蜂蜜水,我用了10克的蜂蜜,需要用多少水呢?

如果用了100毫升的水,需要多少蜂蜜呢?

总结:其实不管用多少蜂蜜,多少水,只要让蜂蜜与水的比是1:4就行。

1∶4与3∶12,4∶16相等,但更简单,更利于交流。

【设计意图】在发现、解决实际问题的过程中,利用对数学问题的解答加深对比的意义的理解,体会化简比的含义和必要性。

**2. 理解化简比,揭示课题**

3∶12=1∶4,4∶16=1∶4是两组相等的比。笑笑也写出了两组相等的比,我们一起来看看吧!

1∶2=10∶20    4∶12=1∶3

比的前项和后项有什么变化?你能仿照着写几组吗?

(展示学生写出的比)

认真观察这些比,你有什么发现?

学生回答。

总结:比的前项和后项同时乘或除以同一个不为0的数,比值的大小不变。这就是比的基本性质。这与我们之前学过的分数的基本性质和商不变的规律是一样的。

**3. 掌握化简比的方法**

分数可以约分,比也可以化简。

$3∶12 = 3 \div 12 = 1 \div 4 = \frac{1}{4} = 1∶4$

$4∶16 = \frac{4}{16} = \frac{1}{4} = 1∶4$

这个变化的过程就是比的化简(板书:比的化简)。你能看明白吗?有疑问吗?

生回答。

你能化简下面的比吗?先自己试一试。

$24∶42 \qquad \frac{2}{5}∶\frac{1}{4} \qquad 0.7∶0.8$

让我们一起来分享同学的智慧。(充分展示学生的不同方法)

总结:在展示过程中,对比方法可以是求比值的方法,也可以是利用比的基本性质的方法,让学生选择合适的方法。

根据第一个化简比的过程追问:结果是4∶7,为什么不再化简了?(结果的前项和后项互质了)点出:最简单的整数比。

【设计意图】从模仿练习到变式练习，从独立尝试到小组讨论解决问题，既让学生感受到化简比的三种类型——整数与整数的比、小数与小数的比、分数与分数的比，又让学生在寻求不同题目的解决方法中巩固化简比的方法。这一设计能够鼓励学生归纳化简比的方法，培养学生的概括能力，并使学生体验到知识的相通性。

### 三、巩固提高

关于化简比你还有什么疑问吗？你能用这些知识解决问题吗？

（1）课本第73页第1题：

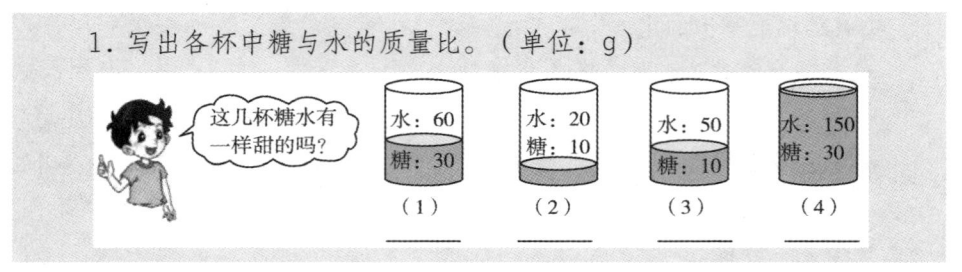

1. 写出各杯中糖与水的质量比。（单位：g）

这几杯糖水有一样甜的吗？

|  | 水：60 糖：30 | 水：20 糖：10 | 水：50 糖：10 | 水：150 糖：30 |
|---|---|---|---|---|
|  | （1） | （2） | （3） | （4） |

直接根据糖与水的质量比很难判断出哪几杯一样甜，将比化简后就一清二楚了。

（2）用1、4、16和1/4组成一个比。哪些比与1∶4相等？哪些比与4∶1相等？

（3）思考题：在500g含盐量是25%的盐水中，盐与水最简单的整数比是多少？

【设计意图】在练习中巩固化简比的方法，在巩固中得到提高。练习兼顾到班上不同程度学生的差异，又逐步与生活结合起来，进一步让学生体验到数学与生活的联系，增强数学的应用意识，加强对化简比意义和方法的理解和掌握。

### 四、总结

回顾这节课，你有什么收获？

【设计意图】引导学生回顾所学内容，通过对化简比的必要性、化简比的方法进行梳理、总结，加深对化简比的方法的理解，提升应用的能力。

### 五、作业设计

课本第73页第2题、第3题、第4题。

# "合格率"教学设计

郑州市金水区实验小学　吴艳庆

**本课主要看点：** 通过创设生活中的情境，选择合格率高的产品，认识产品合格率，进一步理解合格率的含义，并在解决实际问题的过程中掌握计算合格率的方法。

### 教学内容

北师大版义务教育教科书《数学》六年级上册第四单元之"合格率"。

### 教材分析

教材创设"合格率"的问题情境，主要是解决一个数是另一个数的百分之几的实际问题。这部分内容与分数除法中求一个数是另一个数的几分之几相同，解决这个问题，既可以加深对百分数的认识，又可以加强知识之间的联系。同时，教材并没有把小数、分数和百分数的互化单独成节，而是在本内容和下一个内容中，通过解决不同的实际问题，分别引入"小数、分数化为百分数"和"百分数化为小数、分数"。本内容在求合格率时，就是要把算出的结果化成百分数。

数学来源于生活，并应用于生活。因此我对教材中的情境做了一些调整，提出了"假如你是超市采购员，有三家供应商提供了产品，该如何选择"的问题，使学生明白计算产品合格率的必要性，以及合格率不能大于100%。最后在具体计算的过程中，讨论学习小数、分数化为百分数的方法。

### 学情分析

本节课前，学生已经认识了分数、百分数的意义，会解决一个数是另一个数的几分之几的实际问题。同时学生已经掌握了分数与除法的关系、分数与小数的互化以及通分、约分等知识。这些都是学习合格率，进行小数、分数与百分数互化的基础。

### 教学目标

1.理解合格率，会解决有关百分数的简单实际问题，体会百分数与现实生活的密切联系。

2.在解决实际问题的过程中，理解小数、分数化成百分数的必要性，能正确将小数、分数化成百分数。

3.在学习的过程中进一步感受百分数与生活的密切联系，提高数学的应用意识。

### 教学重点

会解决有关百分数的简单实际问题。

### 教学难点

能够正确熟练地将小数、分数化成百分数。

### 教学过程

**一、复习旧知，导入新课**

今天我给大家带来了几条关于百分数的信息，让我们一起来看看吧！（出示课件）

学校对各年级的课间操参与情况进行了统计，发现六年级出勤率为99.5%，为全校最高。

某篮球运动员加盟中国男子职业篮球联赛的第一年，投篮命中率为49.8%。

在一次数学测试中，六（4）班学生的优秀率是60%。

请同学们思考信息中的百分数分别表示什么意义。

【设计意图】通过阅读生活中的信息,回忆百分数的含义,为理解合格率的含义筑牢基础。

## 二、初步感知,了解合格率

其实,合格率与优秀率、命中率、出勤率一样,也是百分数的一种。今天我们就来研究有关合格率方面的内容。(板书课题:合格率)

情境设置:

某个超市要进一批罐头,有三个工厂给出了自己的供货信息。

甲厂:我厂的罐头合格率是86%。

乙厂:我厂的罐头合格率是86.7%。

丙厂:我厂的罐头最好,合格率达101%。

甲厂给出的供货信息是什么?合格率86%代表什么意思?也就是说,如果生产100瓶罐头,会有( )合格。

如果你是这家超市的采购员,你会选择哪家工厂的产品呢?

根据学生的回答追问并讨论:为什么不选择丙厂?进一步理解合格率的含义:合格产品数是产品总数的百分之几。合格率不能大于100%。

【设计意图】利用对比三个工厂的产品合格率这一实际的生活事例,给学生提供思考辨析的时间和空间,帮助学生进一步理解合格率的内涵和外延。

## 三、深入了解,计算合格率

### 1. 进一步认识合格率

在生活中,诚信是一个很重要的品质。丙厂的错误实在太明显了,所以不选择丙厂。超市采购员决定抽样检验甲、乙两厂罐头的合格率。抽样检验结果如下表:

|  | 抽样箱数 | 合格箱数 |
| --- | --- | --- |
| 甲厂 | 50 | 43 |
| 乙厂 | 60 | 52 |

### 2. 计算合格率

(1)计算合格率。

你能一眼看出哪个工厂的合格率高吗?那我们就得认真算一算了。甲厂和乙厂的合格率分别应该怎样列式计算？为什么这样列式？

(2) 学生独立计算，教师巡视指导。

(3) 汇报交流。

43÷50 的结果用百分数表示，先通分成分母是 100 的分数，再改写成百分数，也可以先算出小数形式的商，再把商改写成百分数。

52÷60 的结果用百分数表示，但通分不成分母是 100 的分数，所以要先算出小数形式的商，再将商改写成百分数（除不尽时，商一般保留三位小数，百分号前通常保留一位小数）。

(4) 引导总结分数和小数化成百分数的方法。

你是怎么将分数、小数改写成百分数的？（学生充分发言）

根据学生的回答归纳并板书：分数→通分成分母是 100 的分数→百分数。

总结：分数可以先化成小数，再由小数化为百分数，即小数点向右移动两位，添上百分号。你明白了吗？

【设计意图】通过对合格率意义的理解，找到求合格率的方法。在计算产品合格率时，放手让学生按照方法进行准确计算，并在计算的过程中自主探索小数、分数转化成百分数的方法。

(5) 随机练习。

你能把这些小数或分数化成百分数吗？

0.24　　　　　　1.76　　　　　　0.05

$\dfrac{3}{4}$　　　　　　$\dfrac{5}{8}$　　　　　　$\dfrac{1}{6}$

先让学生独立完成，再指名回答，并让学生说出方法。

## 四、知识迁移

通过刚才的计算，我们发现乙厂产品的合格率比较高一些。于是超市采购员决定跟乙厂合作。丙厂不干了，他们对他们产品的合格率为 101% 做出解释。

（出示课件）丙厂：我们共抽样检验 101 件商品，结果合格了 101 件，所以我们的合格率为 101%。

面对丙厂的回答，你是怎么想的？

生回答。

总结：合格率最高只能达到100%，不能超出100%。

【设计意图】通过对合格率意义的辨析，加强对合格率意义的理解。

丙厂本来拥有优秀的产品，但结果因为不了解合格率的意义而失去了机会。可见数学对我们的生活有着重要的作用。

### 五、巩固与延伸

**1．基本练习**

其实除了合格率，百分数在其他方面还有广泛的应用。

（1）超市一共有25名工作人员，今天共到岗23人。超市今天的出勤率是多少？

（2）某小学科技小组进行种子发芽实验。实验结果如下表。

| 种类 | 实验种子数／粒 | 发芽种子数／粒 | 发芽率 |
|---|---|---|---|
| 小麦 | 200 | 192 | |
| 稻谷 | 300 | 282 | |
| 黄豆 | 150 | 147 | |
| 绿豆 | 120 | 117 | |

①说一说发芽率是什么意思。

②在表中填出种子的发芽率。

③表中_____种子的发芽率最高。_____种子的发芽率最低。

我们又一起解决了出勤率、发芽率的问题，大家做得很不错。让我们继续进入下一个环节。

**2．明辨是非**

（1）六年级四月份植树95棵，全部成活了，这批树苗的成活率是95%。（　　）

（2）六年级共有学生114人，今天全部到校，六年级今天的学生出勤率是114%。（　　）

（3）张师傅的生产技艺十分高超，生产的产品合格率高达100%，是可能的。（　　）

### 3. 延伸与提高

看来，简单的题目已经难不倒你们了，来个挑战吧。

六年级同学参加体育测试，达标的有 180 人，不达标的有 20 人，达标率为多少？

先让学生独立完成，再全班交流。

【设计意图】通过对基础题目、延伸与提高题目的练习，加深学生对合格率、出勤率、达标率意义的认识和理解，加强学生对百分数在生活中应用的意识，提高解决问题的能力。

### 六、全课总结，反思评价

通过今天的学习，你有什么收获？

【设计意图】通过回顾所学内容，引导学生对合格率、出勤率、达标率的意义进行进一步梳理和总结，深化对百分数意义的理解，提高百分数在生活中应用的意识和能力。

### 七、作业设计

课本第 42 页"练一练"第 2、3 题。

# "比例尺"教学设计

郑州市金水区实验小学　吴艳庆

**本课主要看点**：本课从"表示郑州到洛阳的路线"这一活动入手，让学生感知比例尺的含义，体会比例尺的实际意义，并使学生在自主探索、合作交流中，逐步形成分析问题、解决问题的能力和创新意识，从而做到为理解而教。

### 教学内容

北师大版义务教育教科书《数学》六年级下册第二单元之"比例尺"。

### 教材分析

本节内容是在比例的意义和基本性质的基础上设置的。教材沟通了比和比例尺的联系，还介绍了线段比例尺，把线段比例尺与数值比例尺联系起来，使学生加深对比例尺的理解。

### 学情分析

虽然学生在学习本课之前已经学习了比和比例的意义、比的基本性质，但要认识比例尺的含义，理解比例尺不是一把真正意义上的尺子，而是日常生活中一个极其重要的工具，看懂比例尺，理解图上距离与实际距离的关系还是比较枯燥的，也是比较抽象的。所以在教学时我采用"表示郑州到洛阳的路线"这一活动帮助学生理解比例尺的具体含义。

**教学目标**

1. 让学生在实践活动中体验生活中需要比例尺。

2. 通过观察、操作与交流，体会比例尺实际意义，了解比例尺的含义，并且知道什么是图上距离，什么是实际距离。

3. 运用比例尺的有关知识，通过测量、绘图、估算、计算等活动，学会解决生活中的一些实际问题。

4. 学生在自主探索、合作交流中，逐步形成分析问题、解决问题的能力和创新的意识，体验数学与生活的联系，培养学生用数学眼光观察生活的意识。

**教学重点**

1. 正确理解比例尺的含义。

2. 利用比例尺的知识，解决生活中的实际问题。

**教学难点**

1. 正确理解比例尺的含义。

2. 利用比例尺的知识，解决生活中的实际问题。

**教学过程**

一、激趣导入

**1. 2秒走完140千米可能吗？**

春天是百花盛开的季节，你们看，这是什么花？（出示课件：洛阳牡丹）那你们知道洛阳距离郑州有多远吗？郑州距离洛阳大约有140千米。140千米有多远呢？开车大约需要2个小时呢！

一只蚂蚁2秒就可以走完。可能吗？

是呀！2秒走完140千米的路程是不可能完成的事情，但在地图上轻轻松松就能完成了。

**2. 画1米长的线段**

请拿出作业纸，在上面画出1米长的线段。作业纸太小画不出来，怎么办？你有什么方法吗？

学生回答缩小之后画出来。

追问：你准备画多长表示 10 米呢？

【设计意图】通过脑筋急转弯让学生体会比例尺在生活中的应用，通过动手操作让学生体会比例尺产生的必要性和比例尺的含义。

二、探索新知

**1. 再次感受比例尺产生的必要性**

淘气和笑笑遇到了这样的问题。

> 超市在学校正北方向 200 米，邮局在学校正西方向 100 米，书店在学校正东方向 300 米。

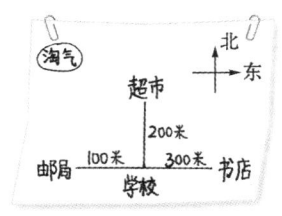

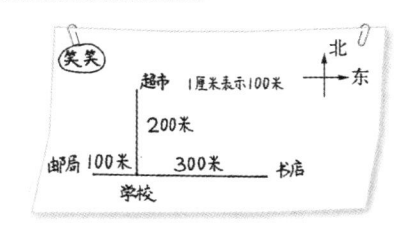

你认为他们两个谁画得合理？

让学生充分来说明：在同一幅图中，应该缩小相同的倍数。

笑笑是按照一定的比例画的，所以笑笑画得合理。在笑笑画的图中，用 1 厘米表示了 100 米，用 2 厘米就表示了 200 米，那么要表示 300 米就得画 3 厘米。

【设计意图】在对比讨论笑笑和淘气谁画得更合理的过程中，加深学生对比例尺含义的理解，体会在同一幅图中比例尺要统一。

**2. 认识比例尺**

笑笑用 1 厘米表示 100 米，这就是我们今天所要学习的数学知识——比例尺（板书课题）。下面我们认真来看大屏幕。请你认真阅读屏幕上的文字，你明白了什么？

学生回答。

比例尺是一把尺子吗？能带单位吗？

在板书中，哪些数据是图上距离？哪些是实际距离？你能写出它们的比例尺吗？

（强调：比的前项应化成1）

**3. 深入理解比例尺的含义**

你能在笑笑画出的图中标出社区活动中心的位置吗？请在作业纸上画出来。

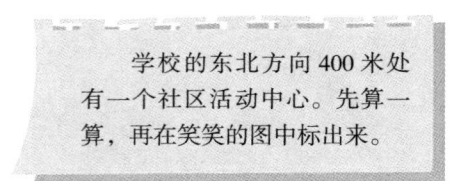

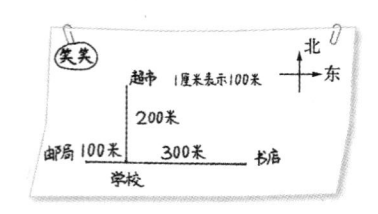

> 学校的东北方向400米处有一个社区活动中心。先算一算，再在笑笑的图中标出来。

（笑笑的图：超市 1厘米表示100米，200米，邮局100米 300米 书店，学校，北、东方向）

交流方法，展示画的结果。

【设计意图】通过画一画、说一说的活动，引导学生进一步理解比例尺的含义，并利用比例尺解决生活中的问题。

**4. 认识线段比例尺**

其实比例尺在我们的生活中经常用到。你在哪些地方见到过比例尺？

学生回答在地图上见过。

（出示课件）你能说出这些地图中的比例尺表示的含义吗？完成课本第22页"练一练"第2题。

### 三、巩固与提高

**1. 火眼金睛**

利用课件，出示下面问题：

（1）一幅地图，图上距离2厘米表示了实际距离200千米。这幅地图的比例尺是1:200。

（2）一幅图纸的比例尺是1:1000，图上距离1厘米就表示了实际距离10米。

（3）一个精密的仪器画在图纸上，图上的长度是5厘米，实际的长度是 5 毫米，这张图纸的比例尺是 1∶10。

（4）一张图纸的比例尺是 1∶1000。淘气说："实际距离是图上距离的 10000 倍。"

学生讨论辨析。

【设计意图】通过讨论和辨析，进一步深入理解比例尺的含义，明确其内涵和外延。

### 2．求比例尺

郑州到洛阳的距离大约是 140 千米，图上距离是 2 厘米。（出示地图）你能计算出这幅地图的比例尺吗？

【设计意图】通过生活中"计算地图的比例尺"问题，进一步理解比例尺的意义，即图上距离∶实际距离＝比例尺。

### 四、总结

回顾这节课，你有什么收获？

【设计意图】通过回顾所学内容，引导学生对比例尺意义的梳理和总结，深化对比例尺意义的理解，提高有关比例尺知识的应用能力。

### 五、作业设计

课本第 22 页"练一练"第 1、3 题。

**参考文献**

[1] 王允庆，孙宏安. 高效提问 [M]. 北京：高等教育出版社，2016.

[2] 中华人民共和国教育部. 义务教育数学课程标准：2022 年版 [S]. 北京：北京师范大学出版社，2022.

[3] Marylou Dantonio，Paul C. Beisenherz. 教师怎样提问才有效：课堂提问的艺术 [M]. 宋玲，译. 北京：中国轻工业出版社，2015.

[4] 胡庆芳，孙祺斌，李爱军，等. 有效课堂提问的 22 条策略 [M]. 上海：华东师范大学出版社，2015.

[5] 窦仕龙. 提高小学数学课堂提问有效性刍议 [J]. 江苏教育研究，2009（12）：57-59.

[6] 吴建强. 突出"五性" 问活课堂 [J]. 基础教育研究，2007（12）：

31-32.

[7] 张俊平.名师的教学主张[M].南京：江苏科学技术出版社，2011.

[8] 余文森,成向荣.教学主张与名师成长[M].福州：福建教育出版社，2017.

[9] 陈向明.优秀教师在教学中的思维和行动特征探究[J].教育研究，2014(5)：128-138.

[10] 叶澜.重建课堂教学价值观[J].教育研究，2002(5)：3-7.

[11] 徐祖胜.论学科教学的个性化[J].教育科学研究，2011(4)：45-47.

[12] 陈明选.论教学中教师应该理解的几个问题[J].当代教育论坛，2006(2)：98-99.

[13] 万利敏.为理解而教——浅析促进理解的教学策略[J].文教资料，2009(12)：141-143.

# 第六章 宋君：智慧数学

教师简介：宋君，男，中学高级教师，现任教于郑州市金水区金桥学校，先后获得全国教育科研先进个人、河南省学术技术带头人、中原名师、河南省教师教育专家、河南省优秀教师、第二届河南最具成长力教师等荣誉称号。先后在国内期刊发表教育教学文章四百多篇，出版《数学阅读的教与学》《读懂学生》等多部专著，先后在省内外开展讲座四百多场。主要研究方向为小学数学教育、教师教育和数学阅读。

智慧从何而来？笛卡儿说"我思故我在"，多想多思就是一切智慧的源泉。数学中蕴藏着一种至简至和的智慧，一种至真至通的智慧，一种创造探索的智慧。数学本身就是一门智慧之学，使学生获得终身发展的智慧。做智慧的教师，培育智慧的学生，营造智慧的课堂，享受智慧的数学，引领师生一起智慧思考，成就智慧人生。

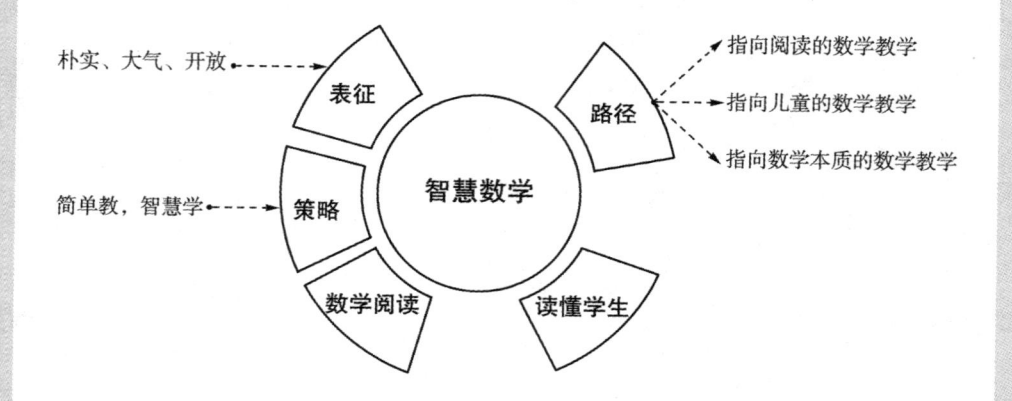

朴实、大气、开放 ----→ 表征

简单教，智慧学 ----→ 策略

智慧数学

路径 ----→ 指向阅读的数学教学
       ----→ 指向儿童的数学教学
       ----→ 指向数学本质的数学教学

数学阅读　读懂学生

# 第一节　智慧数学教学主张提出的背景

教育的本质是什么？这一历久弥新的问题一直是人类思考的焦点之一。古希腊哲学家柏拉图指出，"教育的任务不在于把知识灌输到灵魂中去，而在于使灵魂转向"。由此可见，从个人来说，教育就是启迪智慧，发扬光大德行，提升人的境界，实现人的超越。无论社会怎么变化，这一点是不变的。数学本身蕴含着智慧，数学教育旨在让学生追求智慧的人生。智慧数学更多的是让我们关注数学的本质、回归学生的发展。

下面是我在听课过程中遇到的两个案例：

**案例一：走哪一条路最近？**

在教学北师大版义务教育教科书《数学》四年级上册"线的认识"的练习时，出现了下面的教学情境：

师：请你判断一下，图1中你会走哪一条路？

生1：老师，我会走最下面的那一条路，因为这条路最美！

师：假如你累了，你会选择走哪条路？

生2：我会走最上面的那一条路，因为这条路绕的弯很多，走起来很有趣！

图1

生3：对！因为我们累了，所以可能会选择走绕弯很多的路，因为如果发现趣味，就不会感觉累。

师：如果是一位老人，他会怎么走呢？

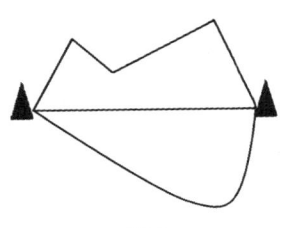

生4：我想他会走最上面的那一条路或最下面的那一条路，因为老人走这两条路可以锻炼身体。

……

课后，在与执课教师座谈时，他也深感纳闷，为什么今天学生老和教师"作对"，偏偏不说出正确的答案，并且在教师苦苦追问下，学生仍然"我行我素"。到底是什么原因造成课堂上交流的无效化？细细思考，不难发现是教师的引导有问题，如"假如你累了，你会选择走哪条路？""如果是一位老人，他会怎么走呢？"这样的问题，学生可以结合自己的生活经验来回答，如果教师追问的是："走哪一条路最近？"就不会出现上面的教学情境，可以大大地提高教学效果。

**案例二：2003年为什么读作二零零三年？**

在教学北师大版义务教育教科书《数学》二年级下册"拨一拨"时，出现了下面的教学情境：

师：读数和写数时要注意什么？

生1：……中间有一个零或者两个零，读时只读一个零。例如，5003读作：五千零三……

生2：为什么2003年常常读作二零零三年？

生3：2003年是年份，它不是我们数学学习中的数。

生4：2003年的读法不科学。

……

（学生纷纷发表自己的见解，课堂顿时一片混乱）

师：停下来，2003年的读法是生活化的读法，未读出数位。

……

从这个教学情境中，我们可以看到学生2为我们提供了一个很有价值的问题。执课教师的反应虽然比较快，迅速处理了这一问题，但语言缺乏准确性。究其原因，我认为教师的引导还存在一些问题。

走进教师的教学，我们就会发现教学中还存在着很多不智慧的现象，如何才能在课堂教学中智慧地引领师生的发展，成为需要我们深度思考的问题。基于此，我提出了智慧数学的教学主张。

## 第二节 智慧数学的内涵与解读

从中国现代辞典的解释看,"智"在《字源》中解释为形声字,由"知"孳乳分化而来,本义为"智慧、才智"。在《辞海》中解释为聪明、智慧、智谋,通"知",知道。"慧"在《字源》中解释为形声字,从心,彗声,本义为"聪明"。

我国古代文献对"智慧"一词有不少记载。《孟子·公孙丑》中有"虽有知慧,不如乘势"。这里的"知慧"就是指智慧。在《墨子·尚贤中》有"若使之治国家,则此使不智慧者治国家也,国家之乱既可得而知已"。"智慧"一词大都表示"聪明才智",在《现代汉语词典》中,智慧是指"辨析判断、发明创造的能力"[①]。

在英语中,"智慧"为"wisdom",是 wise(聪明的)+dom(表示"性质或状态")。在《牛津高阶英汉双解词典》中 wisdom 的英文解释为:"the ability to make sensible decisions and give good advice because of the experience and knowledge that you have"翻译成汉语意思为"根据你的经验和知识做出明智决定并提供良好建议的能力"。

孔子用"知者乐水,仁者乐山。知者动,仁者静。知者乐,仁者寿"等极具韵律的文字,形象地告诉后人,智者喜水,是活泼的、快

---

① 中国社会科学院语言研究所词典编辑室编:《现代汉语词典(第5版)》,商务印书馆,2006,第1759页。

乐的、幸福的。老子提出的"道""大道至简"等，就是一种智慧。冯契认为，智慧是"以道观之"，由知识到智慧，就要求达到天人合一的境界，即"天地与我并生，万物与我为一"的境界。①从前贤生动的描述和深刻的感悟与评说中可以看出，智慧是一种综合能力。智慧的生成需要物我为一的精神，受知识与经验、理性与非理性、智力与非智力因素的影响。怀特海指出，"智慧是掌握知识的方法。它涉及知识的处理，确定有关问题时所需知识的选择，以及运用知识使我们的直觉经验更有价值。这种对知识的掌握就是智慧，是可以获得的最本质的自由"②。杜威认为，"智慧与知识不同，智慧是应用已知的知识去明智地指导人生事务的能力"③。斯滕伯格在《认知心理学》中也提到了"智慧（wisdom）——广义上可定义为非凡洞见、敏锐意识以及不寻常的判断力"④。皮亚杰认为："智慧本质上是一种主体转变客体的结构性动作，即所谓运算；就其外部功能而言，智慧活动的目的在于取得主体对自然与社会环境的适应，从而达至主体与环境之间的平衡。"⑤舒尔曼将实践智慧界定为："实践者构建的各种各样的实践推论，也是人们通过洞察情景特征和推断可能性方案，并做出明智的判断和决策。"⑥英国现代哲学家、教育家罗素认为，"智慧主要是指人的求知好奇心和求知的能力"⑦。

其实，数学教师除传授数学知识之外，更应探求此中的智慧，因为"知识关乎事物，智慧关乎人生；知识是理念的外化，智慧是人生的反观；拥有知识的人只能看到一块石头就是一块石头，一粒沙子就是一粒沙子，而

---

① 冯契：《认识世界和认识自己》，华东师范大学出版社，1996，第418—419页。
② 怀特海：《教育的目的》，庄莲平、王立中译，文汇出版社，2012，第40—41页。
③ 约翰·杜威：《人的问题》，傅统先、邱椿译，上海人民出版社，1965，第5页。
④ Robert J.Sternberg：《认知心理学（第三版）》，杨炳钧、陈燕、邹枝玲译，中国轻工业出版社，2006，第440页。
⑤ 王至元、陈晓希：《智慧的本质和机制——皮亚杰发生认识论介绍之二》，《国内哲学动态》，1983年第3期，第25—29页。
⑥ 转引自赵艳红：《教学智慧：教师均衡的艺术》，西南交通大学出版社，2019，第13页。
⑦ 转引自王伟：《教师教学智慧的展现》，东北师范大学出版社，2017，第14页。

拥有智慧的人却能在一块石头里看到风景,在一粒沙子里发现灵魂"[①]。教师竭力追寻教育智慧的理性光芒应成为一件自然而然的事情,真正的教育应建立于知识并最终"酿造"出人生的智慧。

智慧既是一种教育资源,又是一种精神财富。只要我们用心去发现,就能处处追寻到教育智慧的理性光芒。作为教师,我们应该用智慧去激起整个课堂的涟漪,在碰撞中通过一个个疑问激起学生兴趣、引发学生求知欲,把他们引入到不断的探讨、刨根问底式的研究之中,最后达到在多样化的方法中,获取科学而又合理的结果。这就是智慧的教师营造的智慧的课堂。智慧的课堂是鲜活的,在动态生成中有智慧的火光;智慧的课堂是民主的,畅所欲言、充分交流是智慧的碰撞;智慧的课堂是深刻的,师生共同的成长酿造出甜美的琼浆;智慧的课堂是自然的,矫揉造作只会给心灵蒙上可恶的阴影。

那么,到底什么是智慧数学呢?我想,不妨简单一些来说:使学生获得终身发展的数学就是智慧数学。数学本身就是一门智慧之学。做智慧的教师,培育智慧的学生,营造智慧的课堂,享受智慧的数学,就是智慧的教师实现的智慧教学。

---

① 林德全:《教育叙事价值研究》,河南大学出版社,2009,第72页。

## 第三节　智慧数学的表征

课堂是一个智慧共生的场所，在智慧和智慧的碰撞中，师生一起品味成长的快乐。在课堂教学中，教师作为一个引领者，带着学生领略教学独特的风景，欣赏广阔的世界，引领着学生健康成长。教学智慧是以实践性方式存在的。教学智慧只有在具体的时空情境中才会展现出来。"深刻洞察、敏锐机智和高效便捷"是教学智慧呈现的主要表现状态。

回顾我二十几年的教育教学，我始终认为朴实、开放、大气可以成就智慧数学。朴实，也就是追求教育教学的朴实无华。作为教师，我们应该追求效益，也就是课堂的有效性，把我们的课堂尽可能地锤炼成"大智者的教学"。开放，也就是在教育教学中做到课程资源开放、课堂开放、教学开放。我们应该在真正开放的课堂中追求教育的智慧；大气，也就是追求教育教学的收放自如。我们在充分预设的基础上合理取舍，真正做到有智慧地教学，追求大气的课堂。在我的教学实践中，我认为：课堂是学生学习、成长的地方。对于智慧数学，我更倡导教师能够找出一种使教师可以少教，但是学生可以多学；使学校可以少些喧嚣、厌恶和无益的劳动，独具闲暇、快乐和坚实的进步的教学方式。智慧数学是为师生发展而教，为师生发展而学，真正做到教是为了不教，学是为了会学。下面结合我的探索实践，谈谈我对智慧数学的理解。

## 一、智慧数学是朴实的

智慧数学只有立足课堂,才能焕发出生命的活力。课堂就是要在民主、平等的氛围中激发起师生个体生命的鲜活,使师生在充满人文关怀的背景下实现生命的成长。在这样的课堂里,教师不再是教材的解读者、教案的执行者,而是一个富有教育机智、充满教育智慧的人。

追求课堂教学的朴实,是倡导教师明白课堂的真义,即追求生命真性情的舒展,并不是一种以牺牲学生和教师宝贵时间为代价的表演。朴实的课堂能够让我们感受到智慧的光芒,也能够感受到师生在课堂上成长的意义和价值。

记得我在参加郑州市第三届名师选拔时,开课前两天才得知课题是"圆的认识",在不能提前见学生、不了解学生的数学学习水平的情况下,我选择上一节常态的课,上一节朴实的课。上课时,我是这样展开的:"这节课我们来学习圆的认识。关于圆,你都知道些什么?"我针对学生的回答及时板书。我接着问学生:"关于圆,你还想知道些什么?"我针对学生提出的问题进行分类。之后我沿着学生的思路说:"这节课,我们就围绕黑板上的问题进行研究,同学们提出的其他问题我们先存在数学银行中,在以后的数学学习中进一步研究,让我们带着这些问题一齐走进圆的世界。"

美国心理学家奥苏伯尔说过:"假如让我把全部教育心理学仅仅归结为一条原理的话,那么,我将一言以蔽之曰:影响学习的唯一最重要的因素,就是学习者已经知道了什么。要探明这一点,并应据此进行教学。"我在教授新课之初,引导学生说出已有的知识经验,提出进一步研究的问题,找准了教学的起点,为新知的学习奠定了良好的认知基础。这样的设计朴实、简单,这种简单其实蕴含着不简单,而是在朴实中彰显着智慧。

## 二、智慧数学是开放的

智慧数学在课堂上更强调开放。智慧的课堂应是充满问题探索的。"学贵有疑,小疑则小进,大疑则大进。"发现问题、提出问题、分析问题、解决问题的过程就是学生自主探索学习的过程。学生只有积极参与、自主探究，才能激发求知欲、好奇心，才能变知识的被动接受者为知识的主动建构者，才能真正成为学习的主人。

在我执教"三角形边的关系"一课时发生了以下情境：

课前，我让每个学生都准备了2cm、3cm、4cm、5cm、6cm长的小棒。在课堂上任意选三根小棒，动手摆一摆，看能不能摆成三角形。通过汇报交流，学生已经发现：当两短边的和大于第三条长边的时候，能摆成三角形。学生A提出"三根长分别为2cm、3cm和5cm的小棒也能摆成三角形"后，教室里顿时炸了锅。学生B站起来说："通过刚才的探索，我们已经发现了当两短边的和大于第三条长边的时候，能摆成三角形，而2+3=5，并不大于第三条长边，所以我认为不能摆成三角形。""刚才我们探索发现的是'当两短边的和大于第三条长边的时候，能摆成三角形'，并没有说等于的时候不能摆成呀！"学生A反驳道。我在思考怎样来处理自己课堂上的生成。

"老师，我们可以动手摆一摆来证明我们的观点。"学生C的话提醒了我。"实践是检验真理的唯一标准"，同学们纷纷拿出小棒进行了拼摆。教室里虽然静悄悄的，但我分明感受到学生的思想在流动。"大家看，我用我的小棒就摆不成三角形。"学生D边说边在展示台上展示（如图1）。"反对！我的小棒就可以摆成三角形。"学生E指出。我请学生E也上进行了展示（如图2）。在这两种结果的争辩中，一部分学生是赞同能摆成三角形的。于是，我组织不同意见的学生进行了辩论。

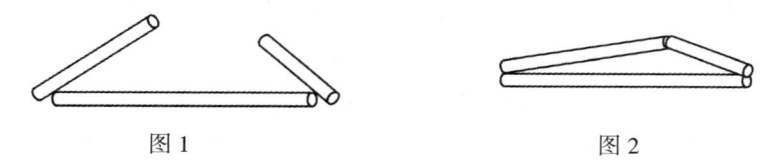

图1　　　　　　　　　图2

有学生提出："老师，我认为小棒在拼摆的时候有误差，应该不能摆成三角形的！""我们已经摆成三角形了啊！"学生A得意地说。当时仍然有许多学生支持学生A。此时，如果我给学生说拼摆有误差，学生是绝对不会信服的，我必须寻找解决问题的突破口。

通过拼摆，课堂仍然存在争议。当我问学生"你能不能想办法验证自己的观点"时，学生又投入到了积极的思考之中，教室里又安静了下来。大约过了 5 分钟，学生 F 举起了手，我示意他进行回答，他说："我可以利用上学期我们学过的'两点之间线段最短'来说明我的观点。我们知道最长的小棒是 5cm，可以画一条 5cm 长的线段。"他边说边画。"刚才很多同学都赞同能摆成三角形，如果能摆成三角形，就是这样（如图 3），我们知道 A、B 两点之间线段最短，而在摆成的三角形中，5 并不小于 2+3，所以我认为不能摆成三角形。"

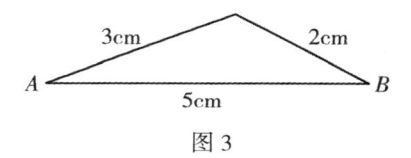

图 3

我带头为学生 F 的精彩发言鼓掌，连学生 A 也心服口服。我为学生的探索精神而感动，也和学生一起体验探究的愉悦。和学生在课堂中一起成长，一起思考，我越来越感受到教育教学的魅力所在，也正是这样的思考让我和学生在课堂中共同成长。

小小的课堂，是一个"捉摸不定的场所"。开放的课堂让课堂演绎出精彩的生成，给学生留出充裕的时间，给予学生充分进行自主思考的空间，使学习更具智慧，也让师生在课堂中得到共同成长。

## 三、智慧数学是大气的

雅斯贝尔斯在《什么是幸福》一书中强调：教育过程首先是一个精神成长过程，然后才成为科学获知过程的部分。在课堂教学中，我把课堂作为一个"场"进行思考和实践。作为教师，我们要在课堂上给予学生自主思考的主动权，教师只是学生思维的引路人，我们要把教师的"讲"让位给学生的学。

"买书"这节课可以使学生在已经初步感知了小数的意义并使用元、角、分学习小数加减法（没有进位或退位）的算理和算法基础上，掌握计算方法，并能正确进行计算。我在执教这一课时是这样和学生进行交流的："今天，我们来学习课本第 6 页'买书'，请同学们打开课本进行自学，想一想，通过自学，你学会了什么？有什么问题？"学生进行自主学习，我进行巡视。学生自学后，我接着提问："请同学们围绕刚才我提出的'你学会了什么？有什么问题？'在小组内进行交流。"学生分小组进行组内交流后，我继续提问："谁来汇报一下你们组学会了什么？"接着进行小组交流、全班汇报。在此过程中，每个学生都积极参与，在交流、碰撞中丰富、完善自学内容，加深对所学内容的认识。

这样的课堂，真正让学生成为课堂的主人，把课堂还给学生。学生围绕学习内容与解决问题的方法、途径等，提出自己的想法，实现思想的交流、方法的互补和智慧的碰撞。学生在进行自主探索或者讨论时，教师要积极地看和听，设身处地观察学生的所作所为，感受学生的所思所想，随时掌握课堂中的各种情况，考虑下一步如何引导学生思考。这样的课堂才是大气的课堂，也是一个魅力十足的地方。

刁培萼、吴也显在《智慧型教师素质探新》一书中指出："21世纪作为知识经济的时代……知识创新已超越了传统的知识文化观而成为社会进步的主要推动力量。""教育的功能不仅是传递知识，还在于启迪人的智慧；在于使学生成为追求知识的智者和思想者。"总之，智慧数学立足课堂，彰显生命的活力，智慧数学是朴实的、大气的、开放的。因为智慧的课堂是扎实有效的课堂，是生命发展的课堂……让智慧唤醒课堂，在动态生成的课堂教学中追寻有智慧的教育。

## 第四节 智慧数学的两大支柱

从我的教学实践而言,智慧数学有两大支柱。这两大支柱促进着学生智慧地思考和学习,奠基学生的智慧人生。

### 支柱一:数学阅读促进学生智慧成长

数学阅读,促进学生在积极的阅读过程中智慧地思考,在积极的思考过程中提升思维的品质。在数学阅读中,阅读是手段,学生通过阅读不断丰富认知,并透过文字找到背后的数学思想和数学思考,从而引领学生智慧地思考。

数学阅读,关注的是阅读,但核心是通过阅读不断促进学生数学思维的发展。重视数学阅读,不仅可以培养学生的阅读能力,而且有助于学生个别化学习,使每个学生都能通过自身的努力达到相应的水平。要使每个学生都能得到充分发展,其有效途径是集体教学与个别学习相结合,而有效个别学习的关键是教会学生进行阅读。研究表明,构成一些学生学习数学感到困难的因素之一是他们的阅读能力差。因此,要想促进学生思维的发展,使数学学习变得有趣、好玩,我们应该重视数学阅读。

一方面,数学阅读是解决学习过程中遇到问题的重要途径,是提高数学思考的有效手段;另一方面,数学阅读是学习新知识依赖的"智力背景"。阅读是一种以语言符号为媒介,获取信息、认识世界、发展思维,并获得审美体验与知识的活动。其会让阅读者的"语言系统"发展得更好,同时可以让阅读者的"智力背景"更为丰富。学生坚持数学阅读可以提高思维能力及学习新知识的能力。

著名教育家苏霍姆林斯基指出：让学生变得聪明的办法，不是补课，不是增加作业量，而是阅读、阅读、再阅读。而乌克兰近年来的研究显示，任何年龄阶段，爱读书的孩子在智力水平和思想发展上，以及在现代社会中的适应水平和承受能力等方面，都显著优于不爱阅读的孩子。苏霍姆林斯基根据自己的教学经历提出，30 年的经验使他相信学生的智力发展取决于良好的阅读能力。他认为，缺乏阅读能力，将会阻碍和抑制脑的极其细微的连接性纤维的可塑性，使它们不能顺利地保证神经元之间的联系。谁不善于阅读，他就不善于思维。数学阅读扩大了学生的视野，拓展了学生的想象力，这些对于学生的成长极为重要。

在数学阅读的实施中，我注重基于学生阅读的过程，促进学生智慧地思考。

### （一）在批注中提升思维品质

阅读不能只是用眼浏览，而应是眼、口、手、脑等多种感官充分协同参与。在数学阅读中，我倡导学生运用标注符号把重要内容做好记号，如用"~"标明主要信息，用"？"标出有疑问的地方，用"·"标出要注意的地方等。作为教师，我们要引导学生在数学阅读中寻找"批注点"。批注点可以是难点之处、独特思考之处、情感共鸣之处、阅读空白之处、思维困惑之处……我们还可以教会学生采用眉批、首批、侧批和尾批等形式，用小段文字注明自己的认识和思考，用具有典型意义的图例或实例解释阅读内容中抽象的表述等，培养学生"边阅读，边思考"的习惯。批注是数学阅读的有效策略，可以呈现学生的思考过程，促使学生在思考中阅读，在阅读中思考。

进行数学阅读批注，是学生个性化数学阅读的具体体现，是在教师指导下学生自主阅读的深化，是以书面形式表达阅读体验的数学阅读活动。数学阅读的批注是对阅读内容全面的分析、深刻的理解。

### （二）在绘制数学连环画中促进思维发展

由于数学课外读物编写的逻辑严谨性及数学"言必有据"的特点，在课外阅读时，应对每个句子、每个术语、每个图表都进行细致的阅读分析，并领会其内容、含义。连环画采用多幅画面连续叙述一个故事或事件的发展过程。在绘制连环画的过程中，学生要将数学阅读文本经过大脑思考产生的构思、想象、创造再现出来，并通过简洁的线条概括，以加深理解。

数学连环画以图文并茂、浅显易懂的特点，深受小学生的欢迎。连环画借助于一幅幅具体生动的画面，展现了学生心中的数学世界，从而激起了他们对数学的强烈好奇心和求知欲，激发他们对数学进行思考。

绘制数学连环画是数学阅读的有效策略，有利于学生深入理解数学阅读的内容，并在绘制数学连环画的过程中理解数学、感受数学，从而促进其数学思维的发展。

### （三）在数学阅读交流中提升数学思维

数学课外阅读书籍中的语言可以说是文字、数学符号和图形的交融，数学阅读重在理解、领会，而实现领会目的的行为之一——"内部言语转化"，即把阅读交流内容转化为易于接受的语言形式。因此，数学阅读常要灵活转化阅读内容。学生在课外阅读的过程中，需要把用抽象表达方式阐述的问题转化成用具体的表达方式来表述的问题，即用自己的语言来阐述问题；需要把用符号或图表表示的关系用自己的语言表述出来。数学阅读常常要求大脑建立起灵活的语言转化机制，而这也正是数学阅读有别于其他阅读课程最主要的方面。

在班级学生坚持数学阅读一段时间后，我积极将数学阅读的内容让学生通过讲故事的形式呈现出来，在讲数学故事的过程中加深学生对数学阅读内容的理解，强化数学阅读过程中的思想和方法。

### （四）在数学故事展演中促进深度思考

数学故事展演是学生以数学故事为线索展开的表演活动。学生根据数学阅读内容，通过角色扮演，运用语言、动作和表情进行展演。在展演的过程中，学生将阅读内容进行分解和内化，通过表演的形式呈现出来，从而加深对阅读内容的深入理解。

在学生自主阅读后，我引导学生以小组的形式展演他们对故事的理解。

小组表演，既有分工也有合作，能够真正引导学生在积极思考中形成对数学故事的深入理解。

### （五）在数学故事的改编和续写中表达思考

在数学阅读的过程中，我会组织学生进行数学故事的改编和续写。改编和续写的时候我先让学生确定中心，然后根据中心构想数学故事情节，接着进行创作。这样的改编和续写让学生在读懂原来数学故事的基础上，以原来数学故事的结局为起点，展开充分的想象，写出原来故事情节的发展和变化。

### （六）在阅读感受中提升思维

现代信息加工理论和认知心理学理论认为，数学学习的过程分为信息输入、相互作用、操作训练、信息输出四个阶段。听、读属于信息输入形式，说、写属于信息输出形式，它们都是数学课堂学习活动的前提和不可缺少的学习能力，也是提高数学课堂学习质量的保证。

数学阅读感受，可以是从书中领悟出来的数学知识或数学思想，也可以是受书中的内容启发而引出的思考和策略，还可以是因读书而激发的学习数学的信心和理想，等等。读后感的表达方式灵活多样，读是感的前提、基础，感是读的延伸、拓展。学生在数学阅读后，书写数学阅读感受，能够促进其对数学的感悟，也能够在不断的思考中提升他们的数学思维能力。

苏霍姆林斯基在《给教师的建议》中指出："课外阅读，用形象的话来说，既是思考的大船借以航行的帆，也是鼓帆前进的风。没有阅读，就即没有帆，也没有风。阅读就是独立地在知识的海洋里航行。"数学阅读，促进了学生对数学的理解和感悟，也促进了学生数学思维能力的发展。学生在数学阅读的过程中，不但掌握了阅读的策略，而且提升了思维能力和数学素养，还学会了智慧地思考和成长。

## 支柱二：读懂学生促进教师智慧教学

要促进数学教学，更多地要促进学生的全面发展，而促进学生的全面发展，首先就要读懂学生。只有读懂学生，才能提高课堂教学实效性、促进智慧教学和学生的发展。

我曾经看到一幅漫画，画了这样一个故事：有一只小白兔去河边钓鱼，它很认真地钓了一天都没有钓到，就回家了。第二天，它又去钓鱼，专心致志地钓了一天，还是一无所获。第三天，当小白兔刚来到河边正准备钓鱼时，一条大鱼从河中跳出来，大声对小白兔吼道："你再拿胡萝卜做鱼饵，我就打你……"看了蛮搞笑的，可是，细细一想，我们的教学何尝不需要读懂我们的教育对象呢？

我曾经读过一个故事：一把坚实的大锁挂在大门上，一根铁杆费了九牛二虎之力，还是无法将它撬开。钥匙来了，它瘦小的身子钻进锁孔，只轻轻一转，大锁就"啪"的一声打开了。铁杆奇怪地问：为什么我费了那么大力气也打不开，而你却轻而易举地就把它打开了呢？钥匙说："因为我最了解它的心。"

每个人的心都像上了锁的大门，任你再粗的铁杆也撬不开。唯有关怀，才能把自己变成一把细腻的钥匙，进入别人的心中，了解别人。教育教学何尝不是如此？作为教师，只有读懂学生，才能真正进行智慧教学。

读懂学生能够促进我们进行智慧教学。我国著名教育家陶行知先生曾经说过："教什么和怎么教，决不是凌空可以规定的。它们都包含'人'的问题。这问题就是：'教谁？'人不同，则教的东西、教的方法、教的分量、教的次序都跟着不同了。"所以，我在教学实践中是从以下几个方面来读懂学生的。

## （一）读懂学生学习的起点，让教学简单而富有智慧

维果茨基的"最近发展区"理论认为，学生的发展水平有两种，一种是学生现有的水平，另一种是学生可能的发展水平，而两者之间的差异就是"最近发展区"。教师在教学过程中，应着眼于学生的"最近发展区"，让数学活动走在"最近发展区"的前面。

作为教师，我们在教学活动中利用"最近发展区"理论，把握学生学习的起点。数学教学活动必须建立在学生的认知发展水平和已有的知识经验的基础之上，只有找准了教学的起点，才会让教学更加有效。

学习单是指教师以课程标准为准则，以教学内容为依据，根据学生学情，精心设计的能够引导学生自主从事学习活动的导学材料。学习单是学生学习的路线图、方向盘、目的地。"阅读"学习单，能够深化学生对数学概念的认识和理解，而且有利于教师找准教学的起点，提升教学的有效性。

例如，在"分数的意义"一课的教学中，我设计了如下的学习单（见图1），旨在引导学生初步理解分数的意义。学生利用学习单进行阅读的过程不是一次完成的，而是在认知冲突中不断丰富、完善并理解概念的。

"分数的意义"学习单

学校：_____ 班级：_____ 姓名：_____

1. 同学们，我们已经初步认识了分数。那么，你知道什么是分数吗？请你用自己的话写一写。

2. 请你用自己的方式表示 $\dfrac{2}{3}$。

3. 一个图形的 $\dfrac{1}{4}$ 是 □□，请画出这个图形（你能画出几种图形就画出几种）。

4. 关于分数，你还想给同学们介绍些什么？请写下来。

图1

我在教授新课之初，引导学生利用学习单进行自学，掌握学生已有的知识经验，提出进一步研究的问题，确定学生的学习起点，为学生新知的学习奠定良好的认知基础。

除采用课前利用学习单的方式找准学生的认知基础外，我们也可以采用课前访谈了解学生，帮助我们把握教学起点，还可以基于经验进行分析，找准学生学习的起点，使教学变得更加智慧、更加有效。

《义务教育数学课程标准（2022年版）》指出："根据学生的年龄特征和认知规律，适当采取螺旋式的方式，适当体现选择性，逐渐拓展和加深课程内容，适应学生的发展需求。"这说明在数学的教学中，教师充分掌握学生的认知规律、学习心理等信息较为重要。也就是说，课前做好学生情况的了解工作，读懂学生的特点，能使我们的备课工作具有针对性，从而提高课堂教学效率。因此，读懂学生，更能让我们找准教学的起点，使教学决策更有针对性，从而有效促进学生的数学学习。

## （二）读懂学生的思维，在深度思考中让教学更富有智慧

数学教育家弗赖登塔尔说："优秀教师课堂上的注意中心始终是学生的思维。"只有读懂了学生课堂学习过程中的思维，才能与学生展开深度互动，从而进行有效教学。数学教学是数学活动的教学，是师生之间、生生之间交往互动与共同发展的过程。在课堂教学中，教师要学会倾听学生对于问题的讲解发言，观察学生的实践与操作，寻找学生思维的异同点，让数学课堂真正成为学生"思维行走"的舞台。

数学是思维的体操，学生是学习的主体。只有读懂学生的思维，才能因材施教，有效教学。作为数学教师，我们应该读懂学生的思维，引领学生智慧地思考，提升学生的核心素养。

在一次听课过程中，学生在学习了商中间或末尾有零的整数除法后，教师提出了这样的问题："孙悟空：我3秒能飞960千米。小悟空：我4秒能飞804千米。数学猴：我3秒能飞609千米。想一想，谁飞得最快？"立刻就有一个学生站起来说："老师，孙悟空飞得最快。"老师听后很不高兴，说："你计算了吗？算一算再回答。"这个学生还想接着说，教师却有些不耐烦了，说："先坐下，等一会儿再补充。"

在上面的交流中，教师的设计意图是引导学生通过计算来解决这个问题，而教师在反馈时由于疏忽而忘记让这个学生补充，下课后，我走近这

个学生，问他是怎样想的，他说："从题中可以知道，孙悟空和数学猴的时间是一样的，孙悟空飞得快；而小悟空4秒才飞804千米，孙悟空3秒就飞了960千米，所以孙悟空飞得快。""老师，孙悟空每秒飞300多千米，而其他两只猴子每秒只能飞200多千米，所以孙悟空飞得快。"旁边的学生在他的启发下补充道。我为学生精彩的发言喝彩，也为教师失去这么精彩的课堂生成而遗憾。作为教师，我们要读懂学生的思维，只有这样，才能促进学生的发展。

总之，教师只有读懂学生的思维，才能创造性地利用和开发教学资源，为学生营造一个广阔的思维空间，为他们主动构建认知结构奠定基础，才能在教学中有机地渗透思想和方法，提高学生的数学素养。

### （三）读懂学生的质疑，让智慧在质疑中彰显

数学教学是数学活动的教学，是师生之间、学生之间交往互动与共同发展的过程。真实的课堂充满着"变数"的"生成"，教师在动态生成的课堂中要读懂学生的质疑，明白学生的问题所在，找准问题的根源，这样更能有效地进行教学。

小小的课堂，是一个"捉摸不定的场所"。在教学中，针对课堂上的突发事件，我总是顺势而为地诱导学生积极探索与思考，并给学生留出充裕的时间进行思考，使他们在独立思考、相互启发中集思广益，提升思维品质。

### （四）读懂学生的错误，为学生搭建个性化的学习平台

教学过程是师生之间交往互动、共同发展的过程。在课堂教学中，由于课堂的生成稍纵即逝，教师应细心捕捉有价值的错误，并为教学所用，提高课堂教学的实效性。

学生在学习的过程中，难免会遇到问题和困惑，教师作为"传道授业解惑者"应考虑到小学生由于年龄和心智还不成熟，对问题和困惑难以解决等因素，试着读懂学生的真实想法，读懂学生出现的错误，变错误为新的生成的教学资源。

在一年级的课堂教学中，一道题目（见图2）挡住了教师的教学进

度①：

六　找规律填数。
1. 2，4，6，□，□。
2. 8，7，□，5，□，□，

图 2

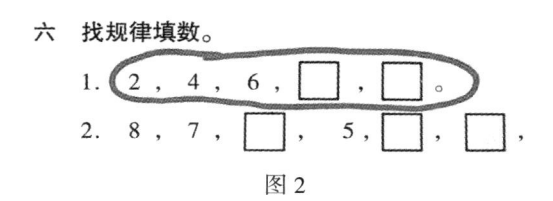

很明显，上面这道题的规律是每次加2，答案应该是：8，10。我觉得很容易理解，但是在巡视的过程中，却看到了10余份这样的答案（见图3）。

找规律填数。
1. 2，4，6，7，8。

图 3

我琢磨了半天也没搞明白学生为什么会这样写，更迷惑的是，为什么同时有10余个学生都这样写？于是，我找到出错的学生，请他们谈谈自己的想法。学生们很是踊跃，却满脸委屈："穆老师，《数鸭子》的儿歌里不是这么唱的吗？快来快来数一数，二四六七八！我到现在都不觉得自己错了呀！"

答案找到了。我哭笑不得。这便是童趣。我选择不生气，选择呵护它。对于学生而言，读懂他们出现错误的原因比什么都重要。后来，在我的帮助下，这些学生改正了错误。我想：下次再遇到这样的题目，这些学生不会再唱着儿歌答着题了，而是会站在数学的角度思考问题。

回到办公室，我继续反思这个问题：是不是我天天跟学生们说数学来源于生活，强调得太多了，导致这部分学生不懂得站在数学的角度思考问题？

实际上，不仅如此，因为一年级的小不点儿们刚入校，认知水平处于启蒙阶段，尚未形成完整的结构体系。受年龄特点限制，学生有意注意占主要地位，有直观、具体、形象等思维特点，并不善于使自己的思维活动服从于一定的目的任务，容易受不相干的事物吸引而分散注意。考虑到数

---

① 此案例转自穆桂鹤老师在宋君名师工作室举行的"读懂学生专题研讨活动"的经验交流材料。

学是逻辑思维，锻炼和提高逻辑思维能力也是我下个阶段最主要的任务。

在数学教学的过程中，大多数教师都会发现这样一种现象：错误总是像影子一样跟随着你。我认为，学生在做题的过程中出现错误是难免的，关键是要学会剖析每一个错误的背后隐藏的原因所在。

教育应该面向每一个学生，使每一个学生都能得到最大限度的发展。教师用心读懂学生的错误，便于找出自己教学中的薄弱环节，使教学重点突出、更加有针对性，为学生学习数学打造个性化学习平台；读懂学生的错误，让错误成为一种美丽，在不断的反思中教学，提升学生的数学学习效率，引领学生智慧地进行数学思考。

### （五）读懂学生的学习过程，让课堂迸发智慧的火花

《义务教育数学课程标准（2022年版）》指出："有效的教学活动是学生学和教师教的统一，学生是学习的主体，教师是学习的组织者、引导者和合作者。"真实的课堂不可能完全是一种预设执行和再现，教师需要更多地关注学生的学习过程，了解学生的学习反应，真正提高课堂教学的实效性。

在课堂上，教师应让学生用自己的方法、自己的语言去解释数学规律。当学生的思维遇到困难时，教师稍微加以点拨，学生的思维便会豁然开朗，得到进一步的提高。

### （六）读懂学生学习的情感，用情感促进学生智慧成长

德国教育家斯普朗格说过："教育的最终目的不是传授已有的东西，而是要把人的创造力量诱导出来，将生命感、价值感唤醒。"澳大利亚一位从教30余年的中学物理教师，这样总结他的从教经历：头10年我是在教物理，之后10年我是教学生探究物理，近10年我是帮助学生研究物理。作为教师，我们应该学会智慧地引领学生成长，引领学生研究、思考数学。

这让我想起了"黄亮（化名）事件"：在一次单元练习中，由于我的疏忽，把黄亮试卷中一道错误的题目批改对了。在发现之后，我将他的评价由优秀改成了良好，他因此在课堂上痛哭流涕，当时班长还提醒我，但我并没有及时进行处理，而是继续进行着我的教学。下课后，同学们都走出了教

室，到操场上进行体育活动，只有黄亮仍然待在座位上。我走近黄亮，耐心地问道："黄亮，你怎么了？有什么要和宋老师说的吗？"当时他只是说："没什么，没什么！"我就半开玩笑地说："男子汉，就因为这点小事儿就哭鼻子……"我还没说完，他就抢着回答："不是，宋老师我觉得我没做好练习，对不起老师。"我听了心中一下温暖了许多（我原本认为他是因为承受不了打击而哭泣）。我接着说："哦！原来是这样，看到你哭，宋老师也很伤心，但听了你刚才的心里话，我很高兴！因为你找到了努力的方向……"想想也是，记得上学期我刚教这个班的时候，黄亮连续好几次在单元练习中都是全对，特别自豪，而这个学期连续两次没做全对，对他的确是一个"打击"，但人生路上不可能事事都是第一，适当的挫折对他而言也是一件好事，会让他更加理性地认识自我，在以后的人生之路上走得更好！

当天晚上，我在教学随笔里用键盘敲下了这样的一段话：孩子，真的感谢你，你让宋老师好感动，感动你对数学学习的认真，感动你对数学学习的执着，就凭你对数学的这份热爱，你一定能成为第一；孩子，你永远是宋老师的骄傲，宋老师教了你一个学期，也许给予你的帮助和指导太少，但以后宋老师会更加关心你，喜欢你。是你让宋老师在以后的教学中更加关注我们班每个孩子的健康成长！

也许是心灵的巧合，也许是心灵的默契，第二天，我正准备把这些感受发到班级博客时，我收到了黄亮给我写的一封信，信的内容如下：

尊敬的宋老师：

您好！

您看到这封信很惊奇吧！我自己也惊奇为什么给您写这封信，但我还是写了这封信。老师，我对不起您！我非常喜欢数学，可为什么总考不好？我不怎么聪明，也时常粗心大意，可是，老师，我热爱数学，我喜欢什么时候都不发脾气的您，您和数学在我心中永远年轻、温柔。如果我长大当老师，我绝对当数学教师，因为数学在我心中的地位很高。老师，昨天都怨我不会说话，但我以后会一心一意地学好数学，用数学的眼光看世界。

您最爱数学的学生　黄亮<br>2011 年 3 月 23 日

读着黄亮给我的来信，我的泪水止不住流了下来。对于一名普通的数学教师，收到孩子这么一份信任我怎能不感动？但我更多的是自豪，因为有这样爱数学的学生。

作为教师，和学生沟通能够让师生关系更加和谐，能够让我们读懂学生学习的情感，激发学生持续学习数学的热情，也能够让我们有足够的教育智慧影响学生，甚至影响学生的一生。

由于学生的生活背景、家庭环境等因素的不同，学生在思想、性格、身心发展特征等方面差别很大。所以，只有读懂学生才能做到有的放矢、因材施教；只有读懂学生才能走进学生的心灵，激发学生的学习热情，促进师生交往互动，让课堂充满活力；只有读懂学生，课堂教学才能更加有针对性和实效性；只有读懂学生，才能把"培养学生创新意识和实践能力"的要求落到实处；只有读懂学生，才能不断在课堂教学中进行教学决策，更有利于教师的教和学生的学。关注每一位学生的发展是新课程改革的核心理念。从学生发展的需要出发审视整个教学过程，真正了解学生的发展需要就成为课堂教学的首要任务。

读懂学生的过程是一个发现学生的过程，是一个不断摆正自己作为一个教育者的位置的过程，是寻求与学生交往的更好方式的过程，是提高课堂教学实效性的过程。作为教师，我们在读懂学生的过程中，应不断改善自己的教育教学方式，提高学生的能力，促进学生的发展，这样的课堂才能发挥学生的主体性，激发学生学习数学的热情，实现智慧教学，提高数学课堂教学的实效性。

# 第五节　智慧数学的课堂实施策略

智慧数学，如何在教育教学实践中促进学生智慧成长，如何在数学课堂中提升学生的思维品质，如何真正将核心素养落实在课堂中，智慧地引领学生思维？我结合自己的教学实践，总结出智慧数学的有效实施策略如下。

## 策略一：指向阅读的数学教学

中国学生发展核心素养是学生应具备的，能够适应终身发展和社会发展需要的必备品格和关键能力。福建师范大学余文森教授认为阅读能力（输入）、思考能力（加工）和表达能力（输出）是三种关键的能力。这三种能力是人生走向成功的基石。阅读能力是最基础、最关键的学习能力，它直接决定着学生学习效果的好坏和学习效率的高低。总之，阅读对学生的发展是至关重要的，更是促进学生进行智慧思考的有效途径。

我在执教"分数的意义"一课时，是通过以下方式引导学生通过阅读进行数学学习的。首先，我针对今天学习的内容——分数的意义，引导学生质疑课题。学生提出了不同维度的问题，如"分数是怎样产生的""分数的意义是什么"等。接着，我引导学生自主阅读课本，把重要的内容画在书上，在不理解的地方做上批注。我和学生针对分数是如何产生的形成了如下的交流：

师：谁来回答"分数是如何产生的"这个问题？

生1：分数产生于劳动实践。

师：能具体说一说吗？

生1：在生产和生活中，当我们遇到不够一个时，就自然而然用分数来表示。

生2：老师，书上也告诉了我们分数来源于生活实践。

师：你从哪里读出来的？

生2：我从课本上读出来的。古人在测量石块的时候，当石块不够一个绳子的长度时，就产生了分数。

（师生一起阅读课本）

师：通过两名同学的介绍，我们知道了分数源于生活，是在测量的过程中产生的。我们可以说：分数产生于测量。

（板书：测量）

师：自己阅读课本，还有不同的发现吗？

生3：我看到课本上几个同学在分东西，当不够一个时，就可以用分数来表示。也就是说分数也是由分物得到的。

（师生都把掌声送给他）

师：真是一个善于阅读的孩子！谁还有不同的发现？

（教室里安静了片刻，学生4举手发言）

生4：老师，我看到黑板上还有一个算式"1÷2"，我想分数也可以通过计算得到。

……

此时，我和学生一起总结道：在测量、分物和计算时，在不能得到整数的结果的情况下，可以用分数来表示。

在学习数学时，学生只有充分阅读、感知、思考后，才能更好地促进思维的发展。只要学生在学习的过程中真正能够将思维指向阅读，在阅读中提升思考，就会促进学生智慧地发展。

例如，在学习"从结绳计数说起"一课时，学生通过阅读，将阅读后的思考进行了批注，下面（如图1、图2、图3、图4所示）是几名学生在阅读后的批注：

> 表示物体个数的 0，1，2，3，4，5，6，7，8，9，10，11，12，…都是自然数。一个物体也没有，用 0 表示。0 也是自然数。如果是 -1，-2 是什么数呢？

图 1

> 中国算筹数码
> 纵式 / // /// //// ///// ⊥ ⊤ ⊥ ⊥
> 横式 — = ≡ ≣ ≡ ⊥ ⊥ ⊥ ⊥
> 1 2 3 4 5 6 7 8 9 11 12 146
>
> -1，-11 为啥没十？

图 2

> 批注：古人的计数方法很好，但是特别特别麻烦。不注，时代在前进，古人也从石子、结绳或刻痕等方式，改变到用各种各样的符号来表示，最后改变到用阿拉伯数学字来计数。
>
> **从结绳计数说起**
> ● 你知道古人是怎么计数的吗？读一读。

图 3

> 后来人们逐渐发明了一些计数符号，五千年前，人们就开始使用各种符号来表示数了。
>
> 99 ∩∩∩ ||| 老师对不对？
> 2   4  6
>
> 古埃及象形数字
> | || ||| |||| ||||| |||||| ||||||| |||||||| ||||||||| ∩ ∩∩ ∩∩ 𓎆 𓆼 9 99 𓂉 𓁹 𓁿
> 1 2 3 4 5 6 7 8 9 10 20 40 100 200 1000 10000 1000000
>
> 玛雅数字
> • •• ••• •••• — —• ... 𓂃 𓂃 𓂃 𓂃 𓂃 𓂃
> 1 2 3 4 5 6 7 10 20 40 60 80 100 120

图 4

  这些批注虽然简单，但却是学生真实的思考，学生在用自己的眼睛发现问题，进而提出问题、分析问题和解决问题，提升了其阅读力，促进了其思维的发展。

  进行阅读、思考和批注，是学生个性化学习的具体体现，是在教师指导下学生自主阅读的深化，是以书面形式表达学习体验的有效途径。批注将阅读后的思考留下，是对阅读内容的全面分析和深刻理解，是培养学生阅读力的有效途径，能够促进学生智慧地思考。

  总之，指向阅读的数学教学，才能有效地促进学生核心素养落地，促进学生进行智慧思考和成长。

## 策略二：指向儿童的数学教学

智慧数学是"指向儿童的多层面的关心"。我们为什么需要教育智慧？在范梅南看来，我们之所以对教育智慧感兴趣，是因为"许多教师不知道如何去关心儿童，他们经常出于好的目的却做错事情"，"我们意识到仅仅把儿童带到这个世界上来或者作为一名教师却只把教育作为一种职业是远远不够的"，"我们必须帮助儿童成长"。一个拥有了教育智慧的教师能够为真实情境中的儿童提供恰当的帮助，能够正确区分"什么是真正对儿童好的"，并且总是做对儿童来说是正确的事情。总之，用范梅南的话说，教育智慧具有"一种指向儿童的意向性"。智慧数学更有这样的情怀和追求。

北师大版义务教育教科书《数学》三年级下册（2011年）"买书"一课是在学生已经初步感知了小数的意义及有关元、角、分的大小比较的基础上进行教学的。本节课是把小数加减法限定在元、角、分的背景下，把元、角、分作为数学模型引导学生学习小数加减法（没有进位或退位）的算理和算法，为后面继续学习有关小数加减法和小数加减混合运算奠定了基础。

我在执教本节课时，是这样引导学生进行学习的：

师：请同学们围绕刚才老师提出的"你学会了什么？有什么问题？"在小组内进行交流。

（学生分小组进行组内交流）

师：谁来汇报你们组学会了什么？

生1：我们组学会了用一个小数加另一个小数，一些物品的价钱是用小数表示的。

师：一些物品的价钱是用小数表示的，这是我们前几节课学过的内容。

生2：我们组学会了小数的加减乘除运算。我们组的问题是：如果在计算小数加法时要进位该怎么办？

师：我们学会了小数的加减乘除运算，看一下教材有没有小数的乘除运算。

生（齐答）：没有。

师：大家有没有补充？

生3：我们组学会了用竖式进行小数的加减计算。

师：通过小组交流和刚才三个同学的汇报，我们都知道了今天学习的内容是用竖式进行小数加减法计算。谁能具体说一说小数的加减法用竖式怎么计算？

生4：在列竖式的时候，小数点要对齐。

师：你能不能上来给大家写一个这样的例子？

（生4在黑板上板书如图5所示）

$$\begin{array}{r} 5.3 \\ +1.2 \\ \hline 6.5 \end{array}$$

图5

师：你给大家讲讲这道题你是怎样算的，为什么等于6.5呢？

生4：3角加2角等于5角，5元加1元等于6元，所以等于6.5元。

师：她讲的你们有什么不清楚的地方没有？

生5：为什么元要和元对齐？

生6：还有别的方法没有？

师：我们先看屏幕上的这道题，宋老师把它写下来。

（教师在黑板上板书如图6所示）

$$\begin{array}{r} 3.2 \\ +11.5 \\ \hline \end{array}$$

图6

师：谁能结合自己自学的内容讲一讲该如何计算？

生7：用2加5等于7，3加1等于4，左边这个1移下来就等于14.7元。

师：你能不能写在黑板上让大家看一看？

（生7板书如图7所示）

$$\begin{array}{r} 3.2 \\ +11.5 \\ \hline 14.7 \end{array}$$

图7

生8：2角加5角等于7角，3元加1元等于4元，因为它们都没有进位，所以就等于14.7元。

师：宋老师再找一个同学说一说。

生9：2加5计算出的是角……

师（指着小数点右边的数位）：先别慌，看来这一位表示的是角。

生9：在元位上的3加1等于4，就不用再进一位了。

师（指着小数点左边的数位）：这一位表示的是……

生（齐答）：元。

师：我们经过之前的学习已经知道：小数点前面表示的是元，小数点后面第一位表示的是角。对吗？

生（齐答）：对！

师：要检查我们做得对不对，有什么办法吗？

生10：先用2角加上5角，然后小数点对小数点，再用3元加上1元等于4元，最后将10元直接写下面就可以了！

师：好，请坐。他告诉我们了，我们做完小数加法以后，可以用再算一遍的方法来检查我们是否做对了。

生11：我们还可以用14.7减11.5来检验。

师：14.7减11.5怎么算呢？你能不能来黑板上写一写？

（生11板书如图8所示）

$$\begin{array}{r} 14.7 \\ -11.5 \\ \hline 3.2 \end{array}$$

图8

生11：先用7减5等于2，然后再用14减11等于3，得到3.2。

师：介绍得真清楚！

师：用减法也可以检验是否正确。看来，我们应该养成认真检查的好习惯，在计算的过程中认真检查了就不容易在计算中出错。

师：请大家接着看黑板，宋老师总觉得这道题不应该这样做，应该如板书上这样。

（教师板书如图9所示）

$$\begin{array}{r}3.2\\+11.5\\\hline\end{array}$$

图 9

师：你认为行吗？

生 12：3.2 中的 2 是 2 角，而 11.5 中的 11 是 11 元，角不能和元直接相加。

师：角不能和元直接相加减。

生 13：小数点要对齐，不对齐，就是 2+1 等于 3，元和角相加计算出来不知道是元还是角。

师：通过大家的介绍，宋老师明白了，我知道我错在哪里了。看来，只有相同数位上的数才能直接相加减，不相同的话，就不能相加减。

师：请大家接着看黑板。

（黑板上的板书如图 10 所示）

$$\begin{array}{r}5.3\\+1.2\\\hline 6.5\end{array}$$

图 10

师：如果这里面也是元、角的话，用我们刚学过的方法检验一下，对吗？

生 14：正确的。

师：我们看课本上智慧老人说的一句话：小数点一定要对齐（板书：小数点要对齐）。小数点为什么要对齐呢？

…………

在本节课中，我将学习的主动权还给学生，让学生举例讲解、表述算理等，重视在交流过程中提升学生的经验，引导学生在讲解计算过程中明白算理，掌握正确的计算方法，从计算到检验水到渠成。让学生进行检验这个环节不仅能养成学生良好的数学学习习惯，也是其对小数加减法算理探讨的过程。在这个过程中，学生既完成了学习的迁移，也培养了学习的习惯。本课通过引导学生深入思考"为什么小数点要对齐"提升学生的认识。学生提出问题并自主解答的过程是释疑的过程，也是提升的过程。课堂上一次次的聚焦和对话，促进了学生智慧地思考，也促进了学生智慧地学习。

## 策略三：指向数学本质的数学教学

教学智慧是对教育本质的深刻理解。韩大林等人把教师教育智慧定义为"教师对教育世界和教师人生的真理性的认识，表现为应对复杂教育情境的综合素养，同时也是教师追求美好幸福教育生活的生存方式"[1]。曹正善认为，"教育智慧是对教育本质的理解"[2]。所以，智慧数学需要把握数学学科本质，在把握学科本质的基础上促进学生智慧地成长。

我在执教"相遇问题"一课时，是用下面的方式引导学生理解"相遇""相向而行""同时出发"等概念的。

师：刚才，我们通过阅读课本，已经会了吗？

生：会了！

师：这节课已经学会的请举手。

（大部分学生都举手了，但也有少部分学生没有举手）

师：课堂上，有的同学会了，有的同学还不会。不会也没关系，我们一块儿再来看一看。如果你已经会了可以帮助一下不会的同学，这节课我们一起来研究一下。

生：好！

师：一起看前面。这是课本上的情境图（屏幕展现情境图），谁上来演一演？

（教师点名两名学生上来）

师：老师给你们两枚围棋子，一枚代表淘气，一枚代表笑笑，你们两人上来沿着这个路线演一演。

（学生进行演示，男生先走，女生看到后再走）

生（学生纷纷举起手）：老师，我认为这样走不对。因为题目说淘气

---

[1] 韩大林、刘文霞：《教师教育智慧的含义与基本要素》，《内蒙古师范大学学报（教育科学版）》，2007年第4期，第71页。

[2] 曹正善：《叩问"教育智慧"》，《教育理论与实践》，2007年第5期，第9页。

和笑笑同时出发，刚才两名同学没有同时出发。

师：大家明白了吗？

生：明白了！（这两名同学也点了点头）

师：注意同时从家出发。来，你代表淘气，你代表笑笑。现在都在家，棋子放上去。好，两人同时从家出发，你们是怎么做的呢？

（男生喊了一声"走"，两人一起走起来）

生（一部分学生举手）：老师，这样还是不对！

师：为什么不对？他们两人不是同时出发了吗？

生1：因为淘气速度快，所以他在途中接近笑笑家一点儿。

师：他说的大家能听明白吗？谁能再说清楚一点儿？

生2：因为淘气每分钟走得快，所以，他会多走一些路程，而现在从图上我们知道他们两人在中间相遇是不合适的，大约会在邮局附近和笑笑见面。

师（转身对台上的两名学生）：你们听懂了吗？

（台上的男生摇摇头）

师：谁能说得再清楚点儿？

生3：因为淘气走得比笑笑快，所以淘气走的路程要比笑笑多。

师：现在你能听懂了吗？

生（台上的男生）：听懂了。

生（台上的女生）：我也终于听懂了。

师：你们两人能再演示一下吗？

（学生进行演示）

师：我觉得应该特别感谢这两名同学，他们做得特别好。同学们能从一个简单的数学信息中进行这么多的思考，真的很了不起！这样吧，宋老师拿着你的棋子（我接过女生的棋子），我们俩再走一遍。

师：我们俩同时出发。怎么同时出发呢？你说一个信号，我们俩一起开始。

生：一、二、三开始。

（教师按兵不动）

师：你走了我没动，这叫同时出发吗？

生：不叫，老师没有走，怎么可能是同时出发呢？

师：好！再来。

师：这次我发号施令。准备，开始（教师向反方向移动棋子）

生：哎！老师，你怎么往那面走呢？

师：这样是同时出发吗？

生2：是。

师：但是？

生：方向不一样了。

师：对呀！方向不一样了。那能相遇吗？

生1：不能！

生2：能！因为淘气比你的速度快。只不过需要追一会儿，但这不是今天学习的相遇问题，变成了追击问题了。

师：对呀。

（学生哈哈大笑）

师：看来，我们在解决问题的时候，不经过思考的回答一定是没有智慧的。这两枚小小的棋子真的不简单啊！接着再想，如果我们两个是按照这两枚棋子这样走的话，我们能相遇吗？

生：不能。

师：我们要想研究相遇问题，应该加一个什么信息？

生1：两个人同时向一个地方出发。

师：这个表述我觉得蛮好的。真的是这样吗？比如，我们两个从现在的位置都同时向门口出发，可以这样理解吗？

生：不是！

师：怎么说？或者你可以用手势表示出来。

生2：两个人要相向而行。

师：相向而行是什么意思？（生2用手势比画了出来）现在明白了吗？

生：明白！

师：把掌声送给这两名同学，正是他们二位的演示让我们很清楚地理解了相遇问题。

……

把握数学学科本质是产生教学智慧的直接途径。教师需要在读懂教材的基础上把握学科本质，进行智慧教学。数学教学中的教学智慧主要体现为两次"转化"（如图11所示）：第一次"转化"是将"教材形态的学科知识"转化为"教师预设形态的学科知识"；第二次"转化"是当"教师预设形态的学科知识"具体到学生的学习情境时，教师通过调适变化，使之成为"学生理解形态的学科知识"。前者是一种教学设计智慧，后者表现为教学应变机智。

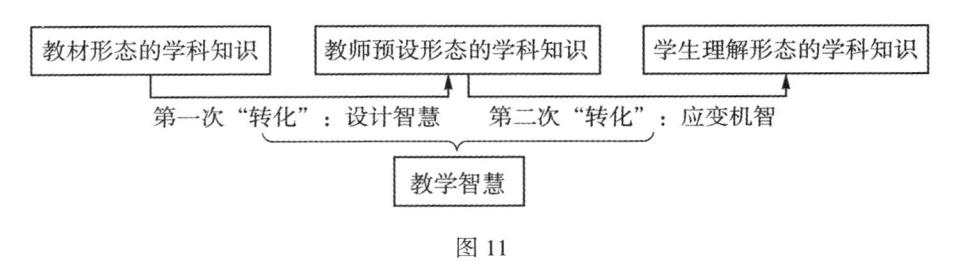

```
┌──────────────────┐   ┌────────────────────┐   ┌────────────────────┐
│ 教材形态的学科知识 │   │教师预设形态的学科知识│   │学生理解形态的学科知识│
└──────────────────┘   └────────────────────┘   └────────────────────┘
         └──第一次"转化"：设计智慧──┘  └──第二次"转化"：应变机智──┘
                          ┌──────────┐
                          │ 教学智慧 │
                          └──────────┘
```

图 11

总之，智慧数学的终极指向是学生智慧的发展。对于教师而言，教学智慧的追求与培养，可以使教师体验到人生的价值与意义，促进教师专业成长，使教师享受到职业幸福，以构筑教师的美好生活；对于学生而言，教学智慧的价值，具体表现为它能够促进学生发展认知、涵养德行、润泽生命和培育智慧，以引领学生的和谐成长。教学智慧对于教学活动而言，主要表现为它能够回应教学的本真目的，应对教学的复杂品性，顺应教学的生成特性，以促进教学的有效实施，促进师生共享智慧人生。

附：典型教学设计

## "买书"教学设计

郑州市金水区金桥学校  宋君

**本课主要看点**：指向儿童的数学教学，让真实的学习发生；同时以阅读促进学生智慧思考，指向阅读的智慧教学。

### 教学内容

北师大版义务教育教科书《数学》三年级下册（2011年）第一单元之"买书"。

### 教材分析

本节课是在学生已经初步感知了小数的意义及有关元、角、分大小比较的基础上进行教学的。本节课是把小数加减法限定在元、角、分的背景下，把元、角、分作为数学模型引导学生学习小数加减法（没有进位或退位）的算理和算法，为后面继续学习有关小数加减法和小数加减混合运算奠定了基础。

### 学情分析

三年级的学生具有表现良好、思维活跃等特点。另外，小学中年级学生思维的基本特点是以具体形象思维为主要形式逐步过渡到以抽象逻辑思维为主要形式，"过渡"是其学习特点的主要表现。学生在经过两年多的数学学习后，已具备了一定的数学基础，逻辑思维也有了一定的发展，学生在接受能力、分析问题的能力以及语言表达的能力上都有较明显的提高，已经能够根据学习内容尝试提出数学问题并分析和解决问题，能够比较有效地进行小组合作学习。在教学中，我们应该充分发挥教师的主导作用和学生的主体作用，调动学生学习的积极性和主动性，培养学生自觉学习的习惯，激发学生的学习兴趣。

### 教学目标

1.在具体的情境中，探索小数加减法（没有进位或退位）的算理和算法，掌握计算方法并正确进行计算，能够解决一些简单的生活实际问题。

2.通过观察和选择数学信息、估算、交流等数学活动，发展抽象思维能力。

3.初步实现从数学的角度提出问题、理解问题，并运用所学的知识和技能解决问题，发展应用意识。

### 教学重点

小数加减法（不进位、不退位）的算理，掌握计算方法，并能正确进行计算。

### 教学难点

掌握小数加减法（不进位、不退位）的计算方法，能够解决一些简单的生活实际问题。

### 教学过程

**一、自学课本，主动建构**

今天，我们来学习"买书"这一课，请同学们打开课本自学，想一想，通过自学，你学会了什么？还有什么问题？

学生按照"导学案"进行自主学习，教师进行巡视。

导学案内容如下（见图1）：

## "买书"导学案

### 一、学习目标

1. 结合"买书"的问题情境，探索小数加减法（没有进位或退位）的算理和算法，并充分交流计算方法。

2. 能用小数加减法解决一些简单的实际问题，感受数学与现实生活的联系。

### 二、知识梳理

### 三、问题在线

### 四、知识过关

### 五、错例分析

错例： 元 角　　　　　正确的解法：　　　　　自我反思：
　　　　1 5.2
　　　 ＋ 4.1
　　　───────
　　　　5 6.2

### 六、学习反馈

1.　　元 角　　　　　　　元 角　　　　　　　元 角
　　　1.2　　　　　　　　6.8　　　　　　　　2.2
　　 ＋5.7　　　　　　　 －3.1　　　　　　　＋1 0.7
　　 ─────　　　　　　　 ─────　　　　　　　 ─────

　　　元 角　　　　　　　元 角　　　　　　　元 角
　　　3.6　　　　　　　　3.9　　　　　　　　1 7.8
　　 ＋6.2　　　　　　　 －2.8　　　　　　　－ 0.4
　　 ─────　　　　　　　 ─────　　　　　　　 ─────

2. 对对碰。

7.5元 +0.4元
7.5元 −0.4元

0.4元　7.5元　　4.1元　10.6元　　7.6元　2.2元　　26.7元　3.1元

```
   元 角              元 角
   5.□              □ 8.4
 + □.1            − 2 3.□
 ──────          ────────
   9.6              4 5.1
```

图1

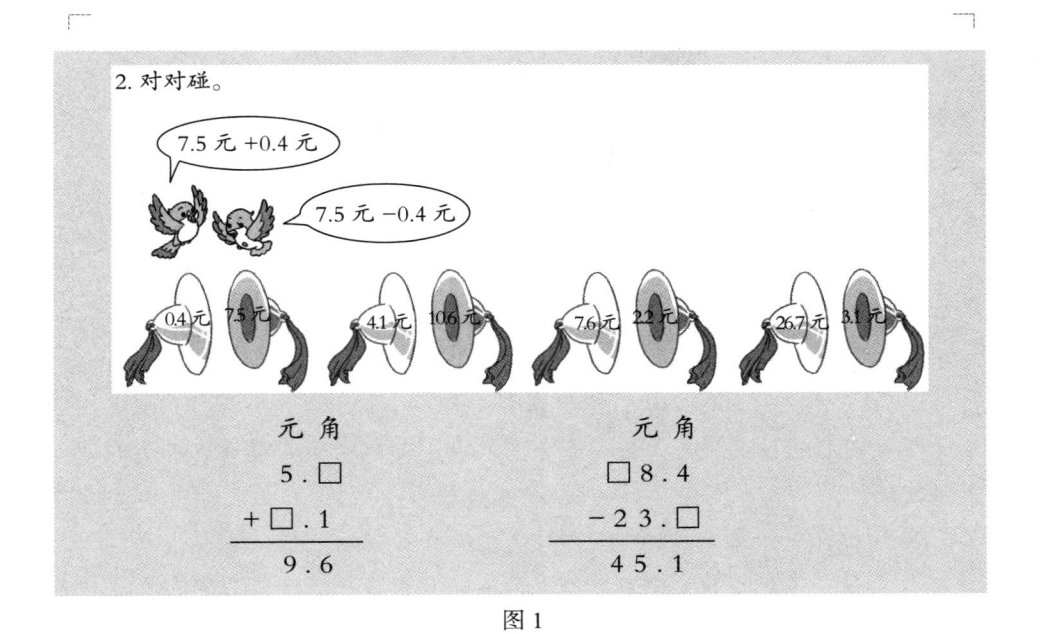

【设计意图】先让学生自主阅读课本，目的是通过阅读促进学生思考，帮助他们掌握所学内容，也能让他们带着问题走进新知的学习。

二、合作交流，共同分享

刚才我们已经进行了课本自学，请你围绕上述两个问题进行小组交流。

在小组交流时，注意让每个学生都积极参与，积极讨论自学的情况，在交流、碰撞中丰富、完善对自学内容的理解，加深对所学内容的认识。

三、小组展示，反馈调节

哪个小组来汇报一下你们的收获？（分小组展示学习成果，后面的汇报不重复前面汇报的内容）

分小组进行汇报，先汇报学会、学到了什么，再汇报不懂的问题，在各个小组不断丰富、完善的基础上展示小组学习成果。

在汇报时，学生可能会汇报如下情况（如图2所示）：

方法一：3.2元 =32角　　　　　11.5元 =115角

```
    3 2
 + 1 1 5
 ───────
   1 4 7
```
　　　　　　　　　　　　　147角 =14.7元

方法二：3元+11元=14元，2角+5角=7角，14元+7角=14元7角，也就是14.7元。

方法三：

```
  元 角
  3.2
+ 1 1.5
--------
  1 4.7
```

图2

学生汇报方法三的计算方法会多一些，引导学生重点讲清方法三的计算方法。

重点讨论：计算小数加法，为什么小数点要对齐？

想一想：怎样检验小数加法计算是否正确？强调在小数计算中养成认真检验的好习惯。

【设计意图】采用自主交流、全班分享的方式进行展开新知的学习，在碰撞、交流、反思、提升中促进学生智慧地学习。同时，在新知的汇报、展示中，学生发挥着主观能动性。只有当学习指向学生的时候，学习才会真正有效，才能促进学生对所学内容的理解。

四、巩固练习，拓展延伸

1. 基本练习

（1）完成课本"试一试"第1题（如图3所示）。

引导学生列出算式，并讲一讲计算方法及注意的问题。

11.5-3.2=8.3(元)

```
  元 角
  1 1.5
-   3.2
--------
    8.3
```

图3

想一想，你会用什么方法检验计算是否正确？

师生共同完成答案。

（2）完成课本"练一练"第1题（如图4所示）。

```
1.   元 角           元 角           元 角
     1.2             6.8             2.2
   + 5.7           - 5.1           +10.7
   ─────           ─────           ─────

     元 角           元 角           元 角
     3.6             3.9            17.8
   + 6.2           - 2.8           - 0.4
   ─────           ─────           ─────
```

图 4

**2．综合练习**

（1）完成课本"试一试"第2题（如图5所示）。

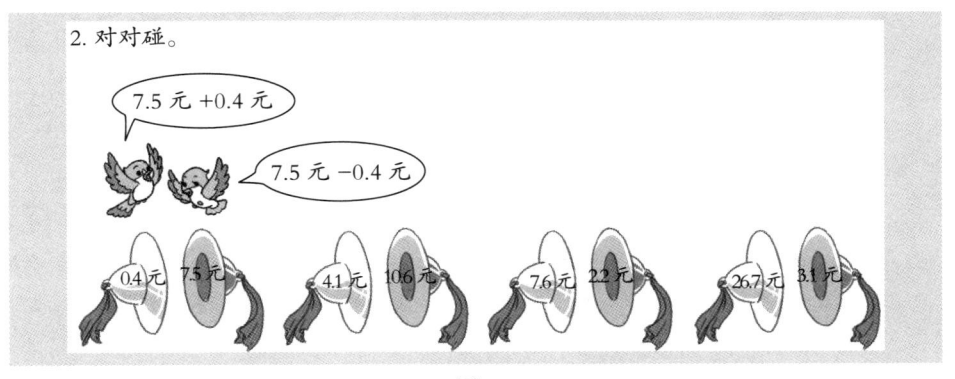

2. 对对碰。

7.5元 +0.4元

7.5元 -0.4元

0.4元  7.5元    4.1元  10.6元    7.6元  2.2元    26.7元  3.1元

图 5

（2）想一想，填一填（如图6所示）。

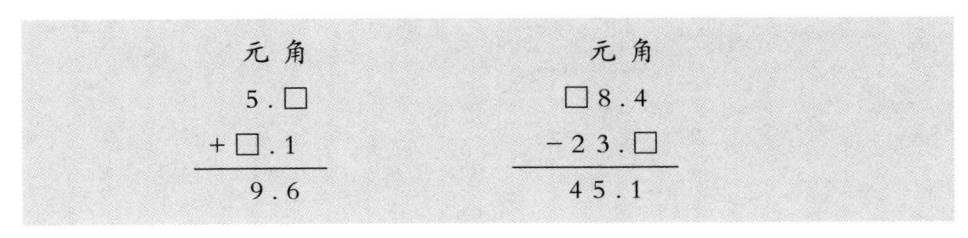

```
     元 角                    元 角
     5.□                     □8.4
   +□.1                    - 23.□
   ─────                    ─────
     9.6                     45.1
```

图 6

（3）试一试。

3.25 元 +4.1 元 =　　　　　9.8 元 –5.8 元 =　　　　　3.6 元 +4 元 =

针对学生完成情况强调：通过估算也可以检查计算是否正确。

（4）淘气和笑笑到了新华书店后，选中了同一本书，淘气的钱买这本书差 6.3 元，笑笑的钱买这本书差 3.5 元，他们两个的钱合起来正好能买到这本书。这本书的价钱是多少元？

【设计意图】在练习环节注重基本练习和综合练习的设计，能够帮助学生提升学习效能，真正在自我检测中促进学生智慧发展。

五、课堂小结，布置作业

通过这节课的学习，你有什么收获？

请完成课本第 7 页第 2 题。

**板书设计**

**买 书**

```
   元 角              元 角
   3 . 2             1 1 . 5
+ 1 1 . 5          −   3 . 2
─────────          ─────────
  1 4 . 7              8 . 3
```

注意：小数点一定要对齐！

## "国土面积"教学设计

郑州市金水区金桥学校　宋君

**本课主要看点：**以学生真实的学习为主的数学教学，促进学生智慧学习数学。

### 教学内容

北师大版义务教育教科书《数学》四年级上册第一单元之"国土面积"。

### 教材分析

本节课是在学生学习了多位数的读法和写法的基础上进行大小比较和以"万""亿"为单位的数的改写。通过各省面积的比较，得出"位数不同时，位数多的数比较大""位数相同时，从高位开始比较"的结论。通过整万整亿的数的改写，让学生发现，改写成以万为单位的数是去掉4个"0"，加上"万"字；改写成以亿为单位的数是去掉8个"0"，加上"亿"字。这些内容的学习为后续的数学学习奠定了良好的基础。

### 学情分析

四年级是小学的重要阶段，是承上启下的年级，是学生直观形象思维向抽象逻辑思维的过渡期，是小学数学进入系统学习的开始。经过前三年的数学学习，学生掌握了一定的数学知识，逻辑思维得到一定的发展，学生的接受能力、分析问题能力，以及语言表达能力都有了较明显的提高。在教学中，我们应该充分发挥教师的主导作用和学生的主体作用，调动学生学习的积极性和主动性，培养学生自觉学习的习惯，激发学生的学习兴趣。

> **教学目标**

1. 使学生能够在描述数据的过程中，体会某些数据改写单位的必要性，掌握数据改写的方法，能用"万""亿"作单位表示大数。
2. 体会较大数据的实际意义，能比较数的大小。
3. 培养学生初步的归纳、概括、抽象能力。
4. 培养学生良好的书写习惯。

> **教学重点**

掌握比较多位数大小的方法，能用"万"或"亿"作单位表示数。

> **教学难点**

用"万"或"亿"作单位改写大数的方法。

> **教学过程**

**一、组数游戏，引入新课**

你能按要求用数字4、7、9、3、0、0、0、0组成一些数吗？

（1）组成一个零也不读的八位数。

（2）组成只读一个零的八位数。

（3）组成读两个零的八位数。

（教师适时引导学生把可能出现的情况进行梳理、分类呈现，然后根据学生的回答板书在黑板上）

组成的八位数有什么特点？

【设计意图】通过组数游戏，用学生喜欢的方式，吸引学生积极投入到学习中来，既复习了多位数的读写，也为新知的学习奠定了良好的知识基础，同时为学生进一步的学习做好心理准备。

**二、类比迁移，学习新知**

**1. 巧妙引导，比较大小**

教师利用板书出的数据，引导学生进行比较大小。

同学们是怎样判断这些数的大小的？

师生共同总结数的大小比较方法：位数相同时，比较最高位，最高位上的数字大的就大，若最高位相同，再比较次高位，依此类推。

【设计意图】教师巧妙利用组数游戏中学生生成的数据，引导学生比较大小，这样既尊重了学生的劳动成果，也为位数相同时的数比较大小提供充分感知的素材，便于学生掌握位数相同数比较大小的方法。

教师添加几个新的数据，引导学生进行比较大小。

学生以组为单位进行总结。

师生共同总结数的大小比较方法：

（1）位数多的数比较大。

（2）位数相同时，比较最高位，最高位上的数字大的就大，若最高位相同，再比较次高位，依此类推。

【设计意图】教师添加了几个新的数据，引导学生进行位数不同的数的大小比较，在学生掌握方法的基础上，总结数的大小的比较方法，提升学生的认知，促进学生思维的发展。

收集报纸、杂志等媒体中一些有关大数的信息，把自己收集到的信息和大家进行交流。

引导学生进行比较大小。

【设计意图】从开放的课程资源入手，练习的素材从学生中来，让学生体会练习的开放性和互动性，真正让学生自主收集的数据在教师引导下成为有效的课程资源。

**2. 观察思考，学习改写**

看来，大家掌握得不错！在刚才大家收集的数据中，对于###0000、##00000这些数据，仔细观察，有什么特点？我们还可以把它们改写成用万作单位的数。想一想，如何改写呢？

思路点拨

1660000=166万　　1220000=122万

450000=45万　　　100000=10万

学生自己探索总结：去掉个、十、百、千位数上的4个"0"变成一个"万"字。

师（总结）：把整万的数改写成以"万"为单位的数，只要把个级的

4个"0"去掉，然后在数末尾写上"万"字。

【设计意图】把收集的数据进行再度开发、利用，让课程资源有效整合，注重改写规律的点拨，真正引导学生掌握改写的方法。

图1是某国一些省份的土地面积的数据，请你把它们改写成用"万"作单位的数。

> A省土地面积约 450000 $km^2$
> B省土地面积约 100000 $km^2$
> C省土地面积约 1660000 $km^2$
> D省土地面积约 1220000 $km^2$

图1

【设计意图】利用课本提供的资源进行练习，引导学生在掌握方法的基础上进行及时、有效的练习，真正在练习中形成技能。

如果是整亿的数，想一想，如何改写呢？

以组为单位，让学生自己总结以"亿"为单位的数的改写方法。

师（总结）：把整亿的数改写成以"亿"为单位的数，要把个级和万级的8个"0"去掉，然后在数末尾写上"亿"字。

【设计意图】运用知识迁移的规律，从整万数的改写方法迁移到整亿数的改写，既节省了教学时间，又为新知的学习提供了数学学习经验。

### 3. 趣味练习，巩固提高

（1）你能把如图2所示的汽车按一定的顺序排排队吗？介绍一下你的方法。

3400760　　11203400　　4001290　　980968　　3400670

图2

（2）看哪些同学抢到的气球（如图3所示）多？（教师利用多媒体课件播放气球从屏幕下方飞到屏幕上方的上升过程）要求把气球上面的数改写成以"万"或"亿"为单位的数。（学生根据屏幕上出现的数进行抢答）

图 3

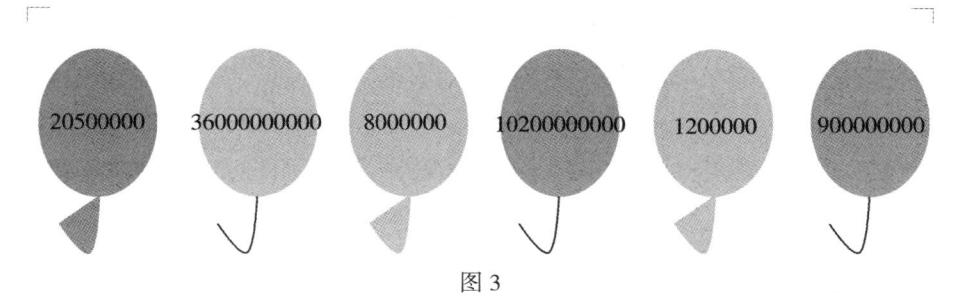

（3）你能用图 4 中右侧的钥匙打开左侧的锁吗？（连一连）

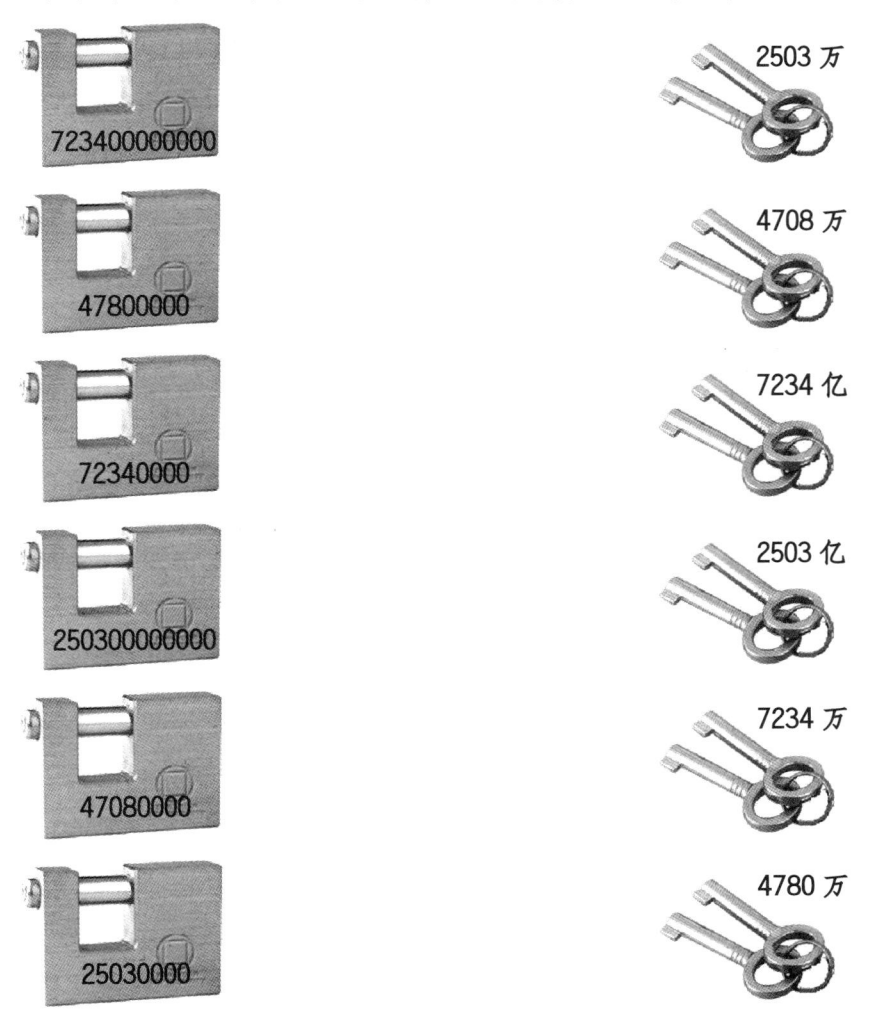

7234000000000 — 7234 亿
47800000 — 4780 万
72340000 — 7234 万
250300000000 — 2503 亿
47080000 — 4708 万
25030000 — 2503 万

图 4

（4）你能把图中的点从小到大连接起来吗？请打开课本第9页完成第5题，我们在连线的时候，用直尺比着连。

鼓励学生用自己的方法来解决问题，并在以后的数学学习中继续发扬这种学习精神。

【设计意图】通过趣味练习，吸引学生的兴趣，在寓教于乐的氛围中进行有效的数学练习，有效巩固所学内容，检查评价学习内容，及时反馈学习情况，促进学生牢固掌握本节课的核心内容。

**4.看书质疑，小结提升**

今天我们学习的内容在课本的第8页，请你认真地把课本看一下，有什么不明白的地方可以提出来。想一想，通过这节课的学习，你都学到了什么？

【设计意图】通过回顾，梳理本节课所学内容，深化对所学内容的理解，促进学生反思所学的内容，提升学生的学习智慧。

**板书设计**

**国土面积（单位：平方千米）**

43790000　　47009300　　40793000　　90740030

1660000=166 万　　　　100000=10 万

18600000000=186 亿　　12000000000=120 亿

# "探索活动：3的倍数的特征"教学设计

郑州市金水区金桥学校　宋君

**本课主要看点**：在把握学科本质的基础上创造性实施教学，促进智慧学习。

### 教学内容

北师大版义务教育教科书《数学》五年级上册第三单元之"探索活动：3的倍数的特征"。

### 教材分析

教材把课题确定为"探索活动"，主要目的是要让学生经历探索知识的过程。教材利用100以内的数表来研究，先让学生找出3的倍数，再观察其特征，说说有什么发现，学生可能受知识迁移的影响去研究个位上的数与十位上的数，但都无法发现规律。适当的时候，教师可以进行一定的提示："将每个数的各个数位上的数字加起来试试看。"以帮助学生逐步发现规律。在初步得出结论的基础上，教师应进一步提出"这个规律对更大的数成立吗？"的问题，促使学生能自己找几个更大的数来验证规律。

数学教学是数学活动的教学。在数学教学活动过程中，探索是数学的生命，问题是数学的心脏。在教学"探索活动：3的倍数的特征"时，我没有利用百数表进行研究，而是引导学生动手摆珠子，从而发现了3的倍数的特征。整节课突出学生的主体地位，充分发挥学生的主体作用，放手让学生自主探索，实现学生主体发展，使学生自己发现并掌握3的倍数的特征。

### 学情分析

我校五年级学生基础相对均衡,经过四年的数学学习,学生已经能够根据学习内容尝试着去提出数学问题并能分析、解决问题,已经养成了动脑思考的习惯,能根据呈现内容选择相关的信息进行讨论、交流与研究,能够比较有效地进行小组合作学习。当学生面对一个挑战性的数学问题时,能够保持浓厚的研究兴趣,并积极主动地投入到数学学习的过程中来。

### 教学重点

掌握3的倍数的特征。

### 教学难点

正确判断一个数是不是3的倍数。

### 教学目标

1.通过观察、探究、交流等活动,引导学生经历发现3的倍数的特征的过程,掌握3的倍数的特征,能正确地判断一个数是不是3的倍数。

2.在探究3的倍数的特征的过程中,培养学生动手实践和观察、分析、抽象、比较、归纳等能力,积累数学活动的经验。

3.通过探究3的倍数的特征的活动过程,获得积极的情感体验,激发学生学习数学的兴趣。

### 教学过程

**一、魔术表演,激发兴趣**

同学们,喜欢魔术吗?今天,老师来表演一个魔术,无论你说什么数,老师只要在这个数的前面或后面加上一个数字,最后变成的数一定是3的倍数。大家相信吗?下面我们来试一试。

看来同学们对这个魔术都很感兴趣,你想知道其中的奥秘吗?通过这节课的学习,你也会进行这样的魔术表演,下面我们准备上课!

【设计意图】"良好的开端是成功的一半。"在新课之始,我从学生感兴趣的魔术入手,在魔术般的判断过程中引起学生的兴趣,吸引学生的注意力，激起学生的求知欲，引导学生积极主动地投入到数学课堂的学习中来。

**二、摆珠探索，总结特征**

同学们都很喜欢游戏，我们就从游戏进行研究，揭开魔术的秘密。请大家看屏幕：

游戏要求：每组用给定数量的珠子（2、3、4、6、8、9），在数位表上任意组成一位、两位、三位数……然后记录在表中，计算一下它是不是3的倍数，是的画"√"，不是的画"×"。

数位顺序表

| …… | 百位 | 十位 | 个位 |
|---|---|---|---|

| 珠子数 | 组成的数 | 是不是3的倍数 |
|---|---|---|
|  |  |  |
|  |  |  |

学生合作探索，教师巡视参与。

谁来代表你们小组汇报研究的情况？

教师投影板书，学生可能会出现如下情况：

| 珠子数 | 组成的数 | 是不是3的倍数 |
|---|---|---|
| 2 | 2、11、20、101、110 | × |
| 3 | 3、21、30、120、300… | √ |
| 4 | 4、13、22、211、310… | × |
| 6 | 6、15、24、222、303… | √ |
| 8 | 8、17、62、170、530… | × |
| 9 | 9、18、27、36、45、90、108… | √ |

仔细观察上表，你能发现什么？

归纳小结：凡是用3颗、6颗、9颗珠子组成的数都是3的倍数。用2、4、8颗珠子组成的数都不是3的倍数。

【设计意图】我采用动手摆珠子来感受3的倍数的特征,改变了以往先列举几组3的倍数,然后引导学生归纳特征的教学。这样教学,需要教师在把握学科本质的基础上进行探索和实践,潜移默化中也渗透了"位置制"与"余数之和"这一核心,这不是深奥的讲解,而是在直观操作基础上的感悟。这样教学,不但让学生感受到学习资源的开放性和真实性,而且能引导学生在动手操作中感受,在积极思考中梳理,在动脑动手中得到和谐统一,不仅提高了数学知识本身的趣味性,还引导学生更好地经历了探究3的倍数的特征的过程。

据刚才的研究,我们把是3的倍数的分成了一类,把不是3的倍数的分成了另一类。为什么会出现这两种情况呢?请同学们讨论一下,在用珠子摆数的过程中,什么变了?什么没变?

小组讨论,教师参与讨论。

(学生可能会出现如下情况:数的顺序、大小变了,组数时珠子总数没有变)

师追问:组数时珠子总数没变就是组成数的什么没变?(数字和)

引导学生计算各组数的数字之和,理解各位上的数字之和的含义和算法,并用课件将珠子总数替换成数字之和。

在用数字组数的过程中,数字之和为什么没变?(因为在用数字组数的过程中,组数用的珠子总数没变,所以数字之和也没变)

到底什么样的数是3的倍数?谁能来说一说?

我们通过摆珠子得到的结论是否正确呢?你能再举几个数进行验证吗?

【设计意图】通过让学生任意选取几个数进行验证,引导学生在观察、比较、分析、交流中,进一步丰富前面活动得出的结论,促使学生主动发现规律,为更好地验证和总结特征做好准备。

通过刚才的活动,我们发现3的倍数的一些特点,谁能归纳一下是3的倍数的数有什么特征吗?

得出结论:一个数各个数位上数字之和是3的倍数,这个数就是3的倍数。

下面我们利用3的倍数的特征进行一些练习,看大家掌握得怎么样!

1. 下面的数，哪些是3的倍数？

28　45　53　87　36　65

2. 写数游戏。

（1）写出两个是3的倍数的偶数；

（2）写出两个是3的倍数的奇数。

3. 在每个数的□里填上一个数字，使这个数是3的倍数。

7□　　　20□　　　□12　　　3□5

提问：如何很快地判断一个数是不是3的倍数？

【设计意图】这是一道开放题，留给学生更大的思维空间。学生可以选择不同的数字，而且这个数字可放在任何位置，也就是说，与数字的摆放顺序无关，以加深对"各个数位上数字之和是3的倍数"的理解。

4. 老师这里还有两个数，你能很快地判断吗？说说你的理由！

63992　　　　379699346

实质上，这个同学讲的是3的倍数判断的一种简便方法，"弃9法"，也就是当一个数数位比较多时，不必把所有数位的数相加，可以先把能凑成3、6、9的数舍去，再看剩下的数是不是3的倍数，如果是，说明原数是3的倍数。反之，就不是3的倍数……

5. 听声音判断。

请大家闭上眼睛，听老师拨算珠的声音(6颗)。这个数是3的倍数吗？为什么？

**板书设计**

**探索活动：3 的倍数的特征**

| 珠子数 | 组成的数 | 是不是 3 的倍数 |
|---|---|---|
| 2 | 2、11、20、101、110 | × |
| 3 | 3、21、30、120、300… | √ |
| 4 | 4、13、22、211、310… | × |
| 6 | 6、15、24、222、303… | √ |
| 8 | 8、17、62、170、530… | × |
| 9 | 9、18、27、36、45、90、108… | √ |

一个数各个数位上数字之和是 3 的倍数，这个数就是 3 的倍数。

**参考文献**

[1] 中华人民共和国教育部. 义务教育数学课程标准：2022 年版 [S]. 北京：北京师范大学出版社，2022.

[2] 李光树. 小学数学教学论 [M]. 北京：人民教育出版社，2003.

[3] 沃建忠. 小学数学教学心理学 [M]. 北京：北京教育出版社，2001.

[4] 蔡金法，聂必凯，许世红. 做探究型教师 [M]. 北京：北京师范大学出版社，2015.

[5] 冯契. 智慧的探索 [M]. 上海：华东师范大学出版社，1994.

[6] 张春莉，吴正宪. 读懂中小学生数学学习：学情分析 [M]. 北京：北京师范大学出版社，2015.

[7] 刘加霞. 小学数学有效教学 [M]. 北京：北京师范大学出版社，2015.

[8] 宋君. 新课程小学数学教学实践研究 [M]. 长春：东北师范大学出

版社，2018.

[9] 顾明远. 中国教育大百科全书 [M]. 上海：上海教育出版社，2012.

[10] 林崇德. 教育的智慧：写给中小学教师 [M]. 北京：开明出版社，1999.

[11] 范梅南. 教学机智：教育智慧的意蕴 [M]. 李树英，译. 北京：教育科学出版社，2001.

[12] 张传有. 西方智慧的源流 [M]. 武汉：武汉大学出版社，1999.

[13] 张志伟，欧阳谦. 西方哲学智慧 [M]. 北京：中国人民大学出版社，2000.

[14] 邓友超. 教师实践智慧及其养成 [M]. 北京：教育科学出版社，2007.

[15] 斯腾伯格. 成功智力 [M]. 吴国宏，钱文，译. 上海：华东师范大学出版社，1999.

[16] 雅斯贝尔斯. 什么是教育 [M]. 邹进，译. 上海：生活·读书·新知三联书店，1991.

[17] 沈菊萍. 对中学生数学阅读能力培养的实践探究 [J]. 数学学习与研究，2010(12)：18.

[18] 宋君. 读懂学生，教学简单而富有智慧 [J]. 江西教育，2017（5）：36-38.

[19] 靖国平. 论智慧的涵义及其特征 [J]. 湖南师范大学教育科学学报，2004，3(2)：14-18.

[20] 王鉴. 教学智慧：内涵、特点与类型 [J]. 课程·教材·教法，2006(6)：23-28.

[21] 田慧生. 时代呼唤教育智慧及智慧型教师 [J]. 教育研究，2005(2)：50-57.

[22] 毛齐明. 试论智慧型教师的内涵及其基本素养 [J]. 教育科学，2011，27(2)：45-49.

[23] 朱德江. 追寻充满智慧的数学教学 [J]. 黑龙江教育（小学文选），2006(3)：9-12.

[24] 毛菊. 智慧型教师的特征 [J]. 教育科学研究，2007(11)：52-54.

[25] 程广文，宋乃庆. 论教学智慧 [J]. 教育研究，2006(9)：30-36.

[26] 徐继存. 论教学智慧及其养成 [J]. 西北师大学报（社会科学版），2001，38(1)：28-32.

[27] 吴德芳. 论教师的实践智慧 [J]. 教育理论与实践，2003，23(4)：33-35.

[28] 孔凡哲. 追求智慧的课堂：智慧型课堂教学案例解读 [J]. 小学教学（数学版），2013(7-8)：11-14.

[29] 吴晓静，傅岩. 智慧课堂教学的基本理念 [J]. 教育探索，2009(9)：11-13.

[30] 宋君. 读懂学生，迈向智慧数学 [J]. 未来教育家，2018(8)：26-28.

[31] 杜萍，田慧生. 论教学智慧的内涵、特征与生成要素 [J]. 教育研究，2007(6)：26-30.

[32] 宋君. 让优质课走向新常态 [J]. 河南教育（基教版），2015(6)：31.

[33] 宋君. 读懂学生的模糊认识，提高课堂教学实效 [J]. 小学教学（数学版），2015(10)：7.

[34] 宋君. 读懂学生 [N]. 教育时报·课改导刊，2017-4-26(4).

[35] 宋君. 错题集是个性学习平台 [N]. 教育时报·课改导刊，2013-2-20(2).

[36] 宋君. 珍藏心灵深处的感动 [N]. 教育时报，2012-8-14(4).

[37] 宋君. 保卫童年，从读懂学生开始 [N]. 教育时报·课改导刊，2015-5-20(4).

[38] 宋君. 读懂学生，让课堂更有效 [N]. 中国教师报，2015-4-1(8).

# 第七章
# 刘英杰：寻真数学

教师简介：刘英杰，男，中小学一级教师，现任教于郑州市金水区第二实验小学，是宋君小学数学名师工作室的核心成员。教学风格追求深刻沉稳，灵动启智，多次被学生评为"最喜欢的老师"；多篇课题及论文荣获省市级奖项；微课荣获河南省一等奖等。在教育教学中坚持以生为本的教育理念，扎根课堂，反思实践。善于抓取原生课堂教学发生之真，反思实践教育教学问题之根。

寻真数学，"寻"有两种含义，其一是寻找，其二是探寻。"真"也从两个方面解读：第一层含义，真实的意思；第二层含义，"规律"。"寻真"即寻找真实、探寻规律。

寻真数学，需要寻找数学课堂教学的真实，探寻数学课堂教与学的规律。寻找真实，需要读懂教材，读懂教学，读懂学生。寻找教材之真，使寻真数学有根有源。探寻教和学的规律，需要探寻教育教学规律之真，探寻学生学习规律之真，使寻真数学有路有径。最后，寻真数学教学主张的研究，不但要研究教材、教学，更重要的是追求教育的终极目标——育真人。

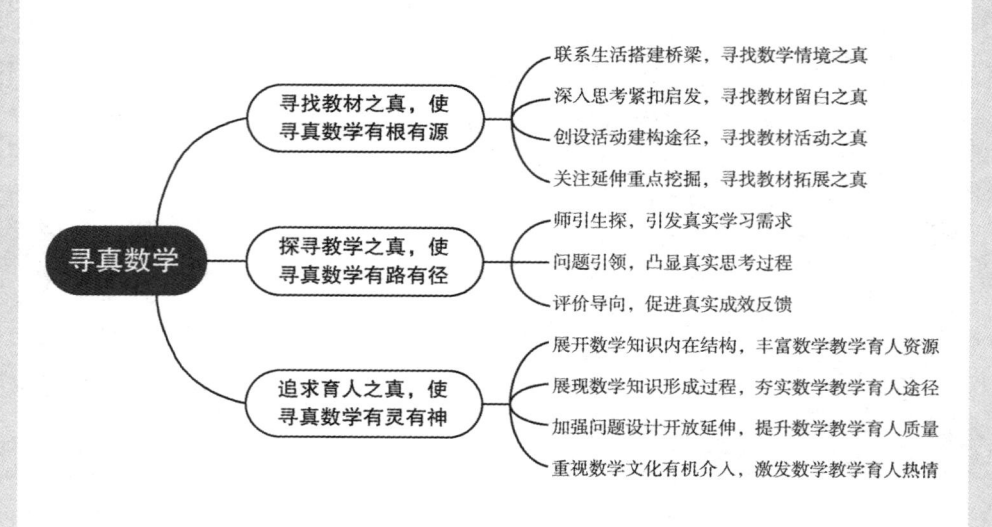

寻真数学
- 寻找教材之真，使寻真数学有根有源
  - 联系生活搭建桥梁，寻找数学情境之真
  - 深入思考紧扣启发，寻找教材留白之真
  - 创设活动建构途径，寻找教材活动之真
  - 关注延伸重点挖掘，寻找教材拓展之真
- 探寻教学之真，使寻真数学有路有径
  - 师引生探，引发真实学习需求
  - 问题引领，凸显真实思考过程
  - 评价导向，促进真实成效反馈
- 追求育人之真，使寻真数学有灵有神
  - 展开数学知识内在结构，丰富数学教学育人资源
  - 展现数学知识形成过程，夯实数学教学育人途径
  - 加强问题设计开放延伸，提升数学教学育人质量
  - 重视数学文化有机介入，激发数学教学育人热情

# 第一节　寻真数学教学主张的提出

寻真数学教学主张的提出，经历了多年的学习实践探索与积淀，经过了反复的推敲与凝练。基于实践经历和多元视角融合的思考，教学主张的凝练得以不断完善。

## 一、实践经历奠基，"寻真"意识凝练

2010年，我有幸成为一名小学数学教师，我的教育教学理念和数学课堂教学实践受到了新课程改革的深刻影响，在不断学习与思考、实践过程中，我对小学数学课堂教学的理解也逐渐由青涩走向成熟。在教育实践过程中，我在坚持学习传统教育教学优秀经验和做法的基础上，努力求真创新，探索并寻觅一条属于自己的教育教学风格和路径。在这一过程中，我的课堂教学力求"回归课堂本真，凸显数学本质"。以北师大版《数学》"正负数"一课为例，在备课、磨课的过程中，我对本节课的目标、重难点、学生基础、教法学法、课堂活动、评价反馈等内容都进行了深度挖掘。通过研读课程标准，我不仅思考负数在小学数学知识体系中的学习目标和达成路径，而且联系实际生活，寻找理解负数概念的切入点和突破口。除此之外，我还进一步跨学段研究，参考与思索中学数学知识体系中负数这一知识点学习的深度和广度，以大背景、高观点为出发点，进一步探究负数的教学意义。由此，我明确了突破负数这一概念教学难点的方法，设计

了一节具有个人特色的课堂教学活动。当然，为了更好地寻根探源，了解学生的学习需求和学习困惑，我还做了大量的课前调查工作。通过让学生自主收集生活中的负数，解读负数的具体含义，我了解了学生对于"负数"这一知识的学习起点。我力求在课堂教学中渗透数学文化，激发学生的兴趣与探索欲望，激活学生对于数学本质的叩问与探寻。在研读教材、研究学生、渗透数学文化的过程中，我发现这些成功的做法和经验都是"寻真"的过程。寻找数学最本质的源头，探寻数学教与学的规律。在实践与反思的过程中，我寻找到了自己的课堂教学追求——回归课堂本真，凸显数学本质。以此为起点，在之后的教育实践过程中，我萌发了"寻真数学"的课堂教学追求。我认为，返璞归真的教学更能体现数学的本质，提高教学效率，促进学生发展。在此后的教学实践中，我的课堂在寻真之路上循序渐近。我所执教的"百分数的认识""比的认识""比例的认识"等课例，都在力求挖掘数学知识的本质源头，让学生追根溯源，体会负数、百分数、比等产生的必要性及其发展应用。除此之外，在关注和追求数学本质的过程中，我同时也在课堂教学中不断寻找学生学习成长之真，寻找数学教学育人之真。并且，这样好的做法和经验，一直坚持沿用到现在。

2015年，随着新课程改革的发展与成熟，一线教师的教育观念与教学方式也发生了重大改变。其中最具有影响力的变化，即课堂教学的中心发生了转变——相较于传统的课堂教学，新的教育理念倡导课堂的中心应当由教师的"教"转变为学生的"学"，即追求以学为中心的数学课堂。在这样的趋势之下，我与宋君小学数学名师工作室的教师队伍一起，以"读懂学生"为切入点进行课题研究，找准学习的出发点和落脚点，开展了以"小学数学课堂教学中读懂学生有效途径的研究"为主题的教学实践研究。在读懂学生的实践研究过程中，我有幸接触并学习到了许多国际与国内先进的教育教学理念和优秀做法经验，也接触到了一些名家名师的教学思想与教学主张，如：佐藤学的"学习共同体"、贲友林的"学为中心"等。在丰富的资源学习和对比反思的过程中，我开始寻找并提炼属于自己的个人课堂教学特色。我结合课堂实践，先后执教并评议了"找质数""认识底和高""平均数""神奇的莫比乌斯带"等课例。在此过程中，我的课堂教学理念发生了变化，我从研究中得到了读懂学生的学习起点、读懂学生的思维、读懂学生的错误、读懂学生的习惯等一系列的方法与策略，为更好地读懂学生奠定了坚实的基础。在研究的过程中，我的课堂教学特色与风格逐渐显现与定型，并且在不断的总结与提炼中得到了进一步升华。在我的课堂教学中，从一开始的寻找数学知识源头，课堂教学本质，逐渐过渡到读懂学生学习之真，最后升华到探寻教与学的规律之真。我从中意识到了探寻教与学的规律的必要性和重要性，并在教育教学实践中，进一步探寻教与学的规律的实践路径，从而进一步践行数学教育育人的终极目标。

基于以上经历，经过了反复的推敲与凝练，我对数学"寻真"有了更深的理解与感悟，并在此基础上进行了相关的理论学习与总结梳理。

## 二、多元视角融合，教学主张提出

从学科视角来看，数学是一门知识结构有序、逻辑性很强的学科，是人们对客观世界进行定性把握和定量刻画，逐步抽象概括，形成方法和理论，并进行广泛应用的过程。数学来源于现实世界，并应用于现实世界。基于学科特点与要求，数学学科的教与学需要寻找现实世界中的真实现象，探究事物及其发展的本质与规律。

从教育视角来看，数学教育的最终目标，是要让学习者用数学的眼光观察现实世界，用数学的思维思考现实世界，用数学的语言表达现实世界。基于数学教育的目标与愿景，数学教育的教学实施，必须来源于现实世界，并应用于现实世界，从现实世界出发，寻找现实世界的数学元素，探索真实现象与数学本质的密切联系，发现现实世界中的数学应用价值等。由此，数学课堂教学作为数学教育的主阵地，才能真正有根有源，数学教育才是真实的，有生命力的。

从儿童视角来看，数学学习应从儿童的生活实际出发，贴近儿童，满足儿童的认知需求和情感需求，遵循儿童的思维特点和发展规律，在数学学习与活动的过程中发展儿童的核心素养。基于数学学习的儿童视角，数学学习的知识体系是客观存在的；数学学习的过程与方法也是有迹可循的。数学学习的过程，既是不断寻找与发现的过程，也是不断寻真的过程，由此，才能更好地实现发展学生核心素养的育人目标。

从学科视角、教育视角和儿童视角三个维度出发,我把教学主张实践研究的主题确定为——"寻真数学"。

## 第二节　寻真数学的内涵与解读

寻真数学，其魂在"真"，核心在于"寻真"。

真，与伪相对，意为真实。在古代文献描述中，真还有许多含义及延伸意义。《庄子·秋水》"谨守而勿失，是谓反其真"中的真，是本性、本源、自然的意思。宋代苏轼的《题西林壁》"不识庐山真面目，只缘身在此山中"中的真，是本来的、固有的含义。除此之外，我们也不得不提"真、善、美"。"真、善、美"的问题是哲学探讨的问题。人类所有的活动都是按照"真、善、美"的尺度来进行的。"真、善、美"中的所谓"真"，是指我们的实践活动体现和符合客观规律的时候，我们谓之为"真"，即在自然界、人类社会、人的思维发展中探求事物的本源或真理。

由此可以看出，"真"字的意义博大精深。基于"真"字意义的理解与思考，我对于寻真数学的课堂教学愿景进行了进一步的畅想与建构——寻真数学，旨在教学实践中师生共成长，寻找现实世界中的数学元素，探寻现实生活中的数学应用与价值，培养学生数学学习和认知的方法与路径；用实际行动践行教育之道，用主动追寻探求教育之根；在寻真的路上唤醒自然成长，在寻真的路上刻印求索历程。寻真数学，唤醒教育之魂，抓取原生课堂教学发生之真，梳理教师学习成长提升之真，探索学生多姿生长发展之真，书写生活之于教育同道同源之真。在这个过程中，教师在成长，课堂教学在成长，学生发展在成长。在这个过程中，教育理念在延展，教育智慧在提升，师生素养在提高。在这个过程中，一起寻真数学之真谛，追求自然成长之幸福。

有了寻真数学的目标意识之后，我在日常教学中注重积累和学习关于寻真数学的点点滴滴，开始凝练和提取"寻"和"真"的核心内涵。经历多年的学习与实践，我对寻真数学之魂——"寻真"的理解与追求解读如下："寻"有两种含义，其一是寻找，其二是探寻。"真"也从两个方面解读，第一层含义，真实的意思；第二层含义，"规律"，即在自然界、人类社会、人的思维发展中探求事物的本源或真理。由此，对于"寻真"的理解即寻找真实、探寻规律。

"寻"是一个过程，是主动探索、知行合一的过程。

"真"是追求的结果，在真实的教学实践中发现总结运用规律，实现师生共同成长。

从寻真到寻真数学，是一个需要将顶层设计落地的过程，是一个打通上下联系贯穿始终的过程。寻真数学，需要寻找数学课堂教学的真实，探寻数学课堂教与学的规律。寻找真实，需要读懂教材，读懂教学，读懂学生。寻找教材之真，使寻真数学有根有源。探寻教育教学规律之真，探寻学生学习规律之真，使寻真数学有路有径。最后，寻真数学教学主张的研究，不但要研究教材、教学，更重要的是追求教育的终极目标——育真人。由此，寻真数学的理念才能深入教师、学生的心灵，成为他们今后学习生活的一部分，成为他们的思维方式、行为方式和生活方式。

# 第三节 寻真数学教学主张的课堂实施

## 一、寻找教材之真,使寻真数学有根有源

教材是课堂教学的载体,是教师组织教学、学生开展学习活动的依据。教师对教材的研究首先要达到基本的共性要求,同时要能够在平凡中见新奇、化枯燥为生动、化共性为个性……这个过程就是读懂教材的过程。从读懂教材的角度出发,教师需要深度挖掘教材的组织结构、编写意图、各部分内涵和外延等。读懂教材,能够实现将数学教学更好地联系现实世界。现实世界是学生最真实的学习资源,只有从生活出发,提炼出有意义、有价值的数学问题,才能更好地探明其背后的学科原理。寻找教材之真,才能更好地联系生活,深度挖掘教材中的生活情境,挖掘教材中的生活实践,挖掘教材中的生活应用等。教师用"寻真"的眼睛来统领、解读教材,给教材的使用注入特点、思想与智慧,才能使寻真数学的课堂教学有根有源。

### (一)联系生活搭建桥梁,寻找数学情境之真

创设数学情境,旨在利于学生在充满情趣的氛围中完成学习任务,促进思维和情感的发展。数学教材中的图片是含意丰富的情境,它既有具体数学学习内容,又是生活中真实情况的动态缩影。寻找数学教材情境之真,能够帮助师生联系生活搭建沟通数学与生活之间密切联系的桥梁,建构整

体递进的教与学的框架体系。调动学生学习的积极性，激发其内在的学习需求，在共鸣和思考中更好地探寻数学之真。

数学来源于生活，并应用于生活。现实世界是学生最丰富的学习资源，所有的数学学习素材的设计出发点和落脚点都是现实世界。寻找数学情境之真，需要在读懂教材编写意图的基础之上，寻找现实世界与数学学习的契合点，以此搭建一个生动的、有活力的数学情境，促进学生的数学学习。

例如：在"平均数"一课的课堂教学中，通过学生玩"记数字"游戏的真实数据开展平均数课堂教学，让学生提出数学问题，如：淘气能记住几个数字？淘气最多记住了几个数字，最少记住了几个数字？平均每次记住6个数字是怎么得来的？然后，从真实事件引发的真实问题中选取能够体现重要学习目标的问题，鼓励学生探究，然后交流分享，在分享中让学生得到反思和提升。

再如："时间表"一课的课前引入，通过现实世界中各种时间表的应用展示，引导学生发现这些表格的共同点——它们都是生活中的时间表，时间表能够帮助人们更好地利用时间，做好时间规划，合理安排活动，有序指导生活，因此得到了广泛应用。这与教材的设计意图相辅相成。联系生活搭建桥梁，才能更好地寻找教材之真。

## （二）深入思考紧扣启发，寻找教材留白之真

在新课程背景下，随着课程资源的开发与利用，课程资源呈现出越来越丰富的势态，教材留白作为一种隐性的教材资源，是新课程理念的一种体现，也是新课程背景下教材的一大特色。它能为教师的创造提供自由空间，能给学生的展示提供广阔平台，可以让我们的课堂教学更加精彩，蕴含着多重意义。在小学数学教育教学中，教材在涉及计算法则、图形特点、规律探索、引导发散思维等关键处，会设计些带有启发性的语言，如：启发解读"笑笑是这样分的，你能看懂吗"，启发探索"你发现了什么"，启发交流"生活中还有这样的例子吗"，启发思辨"积一定比乘数大吗"，等等。

新课程提倡要用教材教，而不是教教材的观点。深入思考紧扣启发，寻找教材的留白之真，不仅能够落实"用教材教"的新课程理念，而且能

够启发学生更加紧密地联系已有知识和生活经验，促进学生进一步的思考与发展，积累数学活动经验，获得主动成功学习的体验等。

### （三）创设活动建构途径，寻找教材活动之真

在小学阶段，基于学生的认知发展规律和特点，"让学生'经历……过程'"是发展数学思维、提高解决问题能力、培养学生创造性思维和创新能力的有效抓手。因此，做有过程的数学教学，让学生在学习实践中亲身经历和成长，尤为重要，这也是引领和指导学生理解数学本质，发展核心素养的有效路径。在日常教学活动中，教师要善于读懂、挖掘教材中各种形式的数学探究活动，帮助学生在过程中获得丰富的体验，在体验中加深对知识的认识，提升能力。在统计与概率领域的单元教学过程中，我设计了多个有效的统计活动，帮助学生经历完整的统计过程，如：统计生日活动、统计蒜苗生长情况的活动、统计记数字情况的活动等。结合这些活动进行了收集数据、整理数据、表示数据、从数据中提取信息、利用信息解决问题等问题串的设计，渗透了统计的思想与方法，丰富了学生统计活动的经验。又如认识图形时，教材首先提供了需要学生分类的直观图形，鼓励学生在"说一说、分一分"中对学过的图形逐步进行整理；然后让学生针对每次的分类结果说说分类的标准。学生表达、交流分类标准的过程，即体会感悟图形特征的过程。同时，学生在分类和比较的过程中学习认识图形，对图形之间的联系也有了更深刻的理解，丰富了分类活动的经验。

### （四）关注延伸重点挖掘，寻找教材拓展之真

小学数学教材拓展就是教师对数学材料的拓展，对数学方法、思维品质的拓展。教师首先要理解教材、尊重教材，然后才能谈对教材的深加工。在课堂教学中捕捉学生问题，拓展知识内容，促进学科整合，适时提出问题，培养探究和创新能力，让学生的主体性得到淋漓尽致的体现，让学生学得轻松、学得扎实。因此，关注延伸重点挖掘，才能更好地寻找教材拓展之真。

以"小数点搬家"一课为例，教师对情境图进行了深度挖掘，通过循序渐进的教学设计，使教材情境的创设更加生动，引发了学生浓厚的学习兴趣。另外，对于课本中出现的，通过对元、角、分进行单位换算的方法

来探索小数点移动引起数字大小的变化，可以更加直观地引发学生们的思考。挖掘教材贯彻意图，并不是必须按照教材的设计思路去进行授课，而是在深入浅出地读懂教材、深度挖掘教材、抓住课堂重点的基础上进行生成延伸，由此，才能更好地去体现教材的设计意图，甚至是超越教材的设计思路，达到创造性地使用教材的目标。

联系生活搭建桥梁，创设活动建构途径，深入思考紧扣启发，关注延伸重点挖掘。正是这样扎扎实实地寻找教材之真，才能使我们睁开"寻真"的眼睛，让教师真正学会如何智慧地把握教材、处理教材与现实世界的关系。只有更好地把握学生学习的起点，践行最近发展区理论，才能让学生真正爱上数学。

## 二、探寻教学之真，使寻真数学有路有径

作为一线教师，我们每天面对着的，是学生在学习过程中层出不穷的问题与现象。如果我们能够从众多学生的学习细节当中寻找到一种能够有效解决课堂教学中遇到的"疑难杂症"的途径，那么，教师开展教学活动的有效性将会得到巨大提高。寻真数学教学主张的实践研究，就是在探寻这样的路径，它是研究教师教学、学生学习规律的必经之路。只有将寻真数学融入教学实践的每一个细节，使教学活动凸显"寻真"数学的特色，教与学的思维方式、行动方式和创新方式才能更好地融合。

### （一）师引生探，引发真实学习需求

现代教学论认为：一切真理都要由学生自己获得，或者由他们重新发现，至少由他们重建，而不是简单地传递给他们。教与学是师生共同参与、相互感应、相互依赖、相互作用的一种整体活动，既要发挥教师的主导作用，又要发挥学生的主体作用，使两者协调统一。在小学数学课堂教学中，师引生探，能够引发学生真实的学习需求，促进课堂教学实效性，使寻真数学的实施路径更加明晰。

"有效探究"是学生建构数学知识、提高数学学习能力的重要方式。作为课堂教学的引导者，教师能够通过问题引领、评价引领等方式，唤醒

和引发学生的真实学习需求。

以"平均数"一课为例，课堂上，学生都同意用 6 来表示淘气的记数字水平。教师引导学生思考"平均每次记住 6 个数字是怎么得来的"，引发学生"摆一摆""移一移"的动手操作需求。通过学习探究，得出"移多补少""求和平均"等方法能够找到一组数据的平均数。

在"看日历"一课的课堂教学中，教师抛出"关于年月日，你知道些什么"这一问题引导学生思考。学生说出了许许多多的知识点，有的是书上的新知识，有的是书上都没有的知识。根据学生的发言，教师用思维导图的方式进行了梳理，并引导学生思考。接下来，再通过运用学生呈现的认知冲突，引导学生在下面的探究活动"让我们一起行动起来，在日历中寻找答案"中自主进行学习记录，发现、总结。

### （二）问题引领，凸显真实思考过程

小学数学课堂教学离不开问题，但问题的零散性、浅表性和封闭性，不利于学生思维的发展。基于核心问题引领下的寻真数学课堂教学具有民主性、统整性、互动性及深刻性，在知识本质处、关键方法处、经验增长处、思想渗透处设置核心问题，可以让学生的思考真正发生，促使学生理性思维乃至理性精神的生成。

"有效提问"是教师启发学生思考、引导课堂教学的重要手段。通过有效提问，能够引发学生的真实思考，抓住问题关键，突破教学重、难点。

以"乘火车"一课为例，要想让学生清晰地表述情境中的数学信息，需要先提问："根据情境中的数学信息，你能提出哪些数学问题？"学生提出"卧铺车厢一共能乘多少人""这列火车一共能乘多少人"等问题。教师根据学生对于数学信息的掌握程度，出示数学问题"5 节卧铺车厢可乘多少人"，引导学生思考，要解决这个问题，需要知道哪些条件呢？再提出"你能说一说你列的算式分别表示什么意思吗""说一说你是如何进行计算的"等问题。这一系列问题的引领，引导学生经历解决问题的分析、乘法的意义、计算方法等过程思考，思维逐步走向深处。

## （三）评价导向，促进真实成效反馈

从教育价值论的角度来看，运用科学的方法，对课堂教学进行评价，发挥其鉴定、诊断、激励、导向的作用，对促进教育质量和教学水平的提高都具有积极的意义。在小学数学课堂教学中，运用科学的、合理的、具有数学学科特色的教学评价导向，能够加强师生间的情感交流，激励学生的学习行为，促进真实学习成效的反馈。

在"时间表"一课当中，教师用课件出示火锅涮菜时间表。通过提问"这个时间表有用吗""有什么用处呢"等问题来引导学生联系生活经验，表达自己对于时间表的理解。这个时间表能够让我们清楚地知道每样菜品涮烫的最佳时间。如果时间超出了，就会煮老了，不好吃；如果时间不够，则没煮熟，吃了对身体不好。教师在评价时通过分析学生发言，恰当使用正向引导："你不仅是一个资深美食家，而且还把吃的经验用在了时间表的解读中去。真厉害！"这种正向引导不仅表扬了学生，而且也使课堂气氛更加融洽。

## 三、追求育人之真，使寻真数学有灵有神

寻找教材之真有助于探寻教学规律之真，探寻教学规律之真有助于更好地寻找教材之真。这两者相辅相成，为追求育人之真打下坚实的基础。同时，在践行育人之真的教育追求过程中，也能够更好地促进教材寻真和教学寻真。

寻真数学的最终追求是育人之真。陶行知先生的名言"千教万教教人求真，千学万学学做真人"告诉我们："真"比一切都重要。教师作为现代进步教育思想的实践者，应牢记陶行知先生的话，以"真"字作为自己的立教之本，教好书育好人，教学生求真知，学真本领，养真道德，说真话，办真事，追求真理，做真人。寻真数学的教学主张不但要进入教材、教学，还要成为师生人格的一部分，成为他们的思维方式、行为方式和生活方式，这样才更令人信服。追求育人之真，是用数学教学育人，探寻发现课堂的真实、学习的真实、成长的真实，也影响和促进师生寻找现实生活中的真情、真理、真智慧，在不断寻找和探索中成为"真人"。

### （一）展开数学知识内在结构，丰富数学教学育人资源

在数学教学中，教师的主要任务是把课本中的教学资源激活，让学生能够更好地吸收，让学生在教师创设的教学情境中发现数学知识信息，理解和掌握知识与技能，并用数学知识去解决问题，实现课本知识与实际生活相联通，让数学知识深入学生的内心世界，从而更有效地发挥数学知识的育人功能。

例如，在"比例的认识"课堂教学中，教师通过精心准备，抓住比例的本质属性设计教学活动。第一个环节，教师充分利用学生熟悉的保洁员刘爷爷给大家讲解84消毒液的配比，丰富学生对于比例意义的理解。第二个环节，通过电脑操作，引导学生拖动照片，使图片之间能够进行对比。学生通过一系列图片的拖动操作，不仅加深了对比例意义的理解，还渗透了变量、函数等思想。

### （二）展现数学知识形成过程，夯实数学教学育人途径

进行有过程的数学教学，能够促进学生对于数学本质的理解。在只关注教学结果，不重视教学过程的数学教学中，学生只是机械模仿与反复练习，却无法知道知识的产生过程，知其然而不知其所以然。因此，在教学中以数学知识的形成和发展过程为重点，就能更好地促进学生体验到知识的产生和发展过程，感受数学思想和方法，发展数学思维能力，从而提高教学效益。

以"什么是面积"一课为例，在比较两个面积相近的长方形和正方形大小的时候，学生通过动手操作，运用不同的学具和方法，展现了自己对于面积的理解，从而得出"图形的周长和面积是不相同的概念"的结论。

### （三）加强问题设计开放延伸，提升数学教学育人质量

核心素养时代，对开放性、探索性问题的研究已成为当今数学学习的一种趋势。开放性问题重视数学与现实生活的联系，能够反映学生对基础知识和基本数学思想方法的掌握情况，有利于增强学生学习数学的信心与勇气。重视数学开放性问题的教学，注重培养学生的创新能力和探索能力，能够提升数学教学的育人质量。

以"比例的认识"一课为例,课堂教学中教师出示开放性问题:8寸照片的长宽比是8∶6,机灵狗想在电脑上按照以下需求把自己的图片处理一下。需求一:请调整图片的宽为3,并使图片与原图保持一致。需求二:请调整图片的长为12,并使图片与原图保持一致。在学生完成前两个活动的基础上,出示需求三:请调整图片的长为$x$,宽为$y$,并使图片与原图保持一致。学生通过实践操作改变图片大小,使新图片和原图组成比例,这样的开放性问题,引发了学生的学习热情,通过不同操作的尝试,使他们对于比例的意义有了更深刻的感知,同时渗透了函数思想,提升数学教学的育人质量。

### (四)重视数学文化有机介入,激发数学教学育人热情

《义务教育数学课程标准(2022年版)》中提到:"教材编修要勇于打破固有教材模式,为教材使用者提供广泛的素材资源和开放的使用空间。如教材中介绍数学文化、数学发展前沿等。内容设计要反映数学在自然与社会中的应用,展现数学发展史中伟大数学家,特别是中国古代与近现代著名数学家,以及他们的数学成果在人类文明发展中的作用,增强学生的爱国情怀和民族自豪感。如介绍《九章算术》《几何原本》、珠算、机器证明、黄金分割、计算机层析成像(CT)技术、大数据等内容,以及祖冲之、华罗庚、陈景润等数学家的事迹。"

数学发展史是非常好的数学文化资源,也是非常好的育人资源。许多数学发明或创造充分体现了前人的智慧。重视数学史在数学课堂教学中的有机介入,能够很好地激发学生的数学学习热情,培养爱国情操和科学意识。例如:在学习北师大版《数学》六年级上册第一单元"圆周率的历史"中,通过介绍《周髀算经》、割圆术、祖冲之对于圆周率的贡献等数学史资源,引发学生对于圆周率的进一步认识,激发学生的爱国情怀。又如:执教"生活中的比"时,引入测量金字塔的高度;执教"什么是面积"一课时,引入面积的由来的故事;等等。这些都是数学育人资源的有效补充。组织和运用好这一资源,能够培养学生的科学精神,激发学生数学学习的热情。

附：典型教学设计

## "什么是面积"教学设计

郑州市金水区第二实验小学　刘英杰

**本课主要看点：**寻真探索，在实践操作中明晰面积的意义。

### 教学内容

北师大版义务教育教科书《数学》三年级下册第五单元之"什么是面积"。

### 教材分析

"什么是面积"是北师大版三年级下册第五单元"面积"的第一课时，属于"图形与几何"领域的知识。本课是在学生已经掌握了长方形、正方形的特征以及它们的周长的计算的基础上进行教学的。这节课的学习，能为以后学习其他平面图形的面积计算打下基础。从一维的长度到二维的面积，是空间认识上的一次飞跃，本节课就是让学生通过一系列可操作的数学活动，借助学生的已有知识、生活经验，以及熟悉的生活场景，在获得感性认识的基础上，建立面积的表象，抽象出面积的概念，从而发展学生的空间观念。

### 学情分析

在执教本节课之前，我们做了学情前测。对我校三年级六个班的学生进行了随机抽样前测调查。通过调查，我们发现：学生在日常生活中听到过面积，对面积有一个模糊的感知，但是95%的学生无法用自己的语言描述什么是面积；对于面积相差较大的图形，学生能够直观地判断出来，但是对于面积相差较小的图形，学生判断则比较困难；在让学生自主选取合适学具的前提下，大多数学生选择使用尺子测量图形周长的方法进行图形面积大小的比较，极个别学生会通过测量边长，利用长方形、正方形的面积公式进行计算比较面积的大小。没有学生选择用摆小方块的方法进行面积大小比较。通过调查分析，我们发现：学生容易混淆图形的周长和面积，在独立学习中不能合理地选择合适的学具和方法进行图形面积大小的比较。

**教学目标**

1. 结合具体实例，认识面积的含义。
2. 经历比较两个图形面积大小的过程，探索比较图形大小的方法（割补法、摆方块法等），积累比较图形面积的直接经验。
3. 在比较图形面积大小的过程中养成独立思考、勇于探索的习惯。

**教学重点**

结合具体情境理解面积的意义。

**教学难点**

探索比较两个图形面积大小的方法。

**教学过程**

一、话题导入，引出课题

大家喜欢玩游戏吗？老师带来了一个转盘抽奖的小游戏。

猜一猜，如果让指针转起来，抽到什么奖的可能性比较大？抽到什么奖的可能性比较小？为什么？

[预设：抽到幸运奖的可能性比较大，抽到特等奖的可能性比较小。因为幸运奖的面（积）比较大，特等奖的面（积）比较小]

面有大有小，本节课，我们就来一起学习与面的大小有关的数学知识——面积。

【设计意图】联系生活搭建桥梁，通过生活中的转盘抽奖游戏激发学生的学习兴趣，引导学生发现面有大有小，为后续学习活动做好铺垫。

## 二、探索新知

### 1．看一看，比一比

（1）初步感知，物体表面的大小就是它们的面积。

（出示情境图）看一看，比一比：

①数学书和语文书的封面哪个大？哪个小？

②这两个硬币的表面哪个大？哪个小？

③这两片树叶的表面哪个大？哪个小？

通过看一看，比一比，我们知道了这些物体的表面有大有小。谁还能像这样举例，说一说生活中哪些物体的表面大，哪些物体的表面小？

像这样的例子还有很多。总之，物体表面的大小就是它们的面积。

【设计意图】深入思考，紧扣启发，通过看一看、比一比寻找教材留白之真。引导学生感知物体表面的大小，启发学生理解物体表面的大小就是它们的面积。

（2）对比感知，封闭图形的大小就是它们的面积。

物体的表面形状各不相同，书本封面的形状是长方形，硬币表面的形状是圆形，树叶表面的形状是……看一看，比一比。

①引导学生体会：不同形状的图形有大有小。图形的大小就是它们的面积。

②引导学生讨论：所有的图形都能比较大小吗？

（课件出示两个有开口的图形）

引导学生理解：只有图形的边完全连接起来，形成一个封闭图形，才有大小。封闭图形的大小就是封闭图形的面积。

【设计意图】关注延伸重点挖掘，通过对比活动引导学生思考，启发学生理解什么是封闭图形，只有封闭图形才有大小，才有面积。

（3）汇总理解，物体的表面或封闭图形的大小就是它们的面积。

学到这里，请学生说一说什么是面积。

引导学生总结：物体的表面或封闭图形的大小就是它们的面积。

#### 2. 动手操作，比较大小，深化理解面积的意义

我们已经认识了什么是面积，也知道了面积有大有小。现在有一个长方形和一个正方形（出示面积相近的长方形和正方形），你会比较这两个图形面积的大小吗？

比一比，哪个图形的面积大？

通过观察，很难直接比较出谁的面积大。下面，让我们借助学具，在小组活动中探究比较两个图形面积的方法。为了研究方便，老师为每个组准备了学具，每个组的学具不完全相同。让我们一起来读一读小组活动要求。

（出示活动要求）

引导学生明确小组活动任务。

(1)认一认，都有哪些学具？

(2)合理使用所有的学具，比较两个图形的面积。

(3)分工合作，将小组成果在全班进行交流展示。

通过小组活动探究、教师巡视指导和小组汇报，引导学生倾听、反思和评价。

小结：比较两个图形面积大小的方法。

【设计意图】借助评价引导，促进学生学习成效反馈。在学习活动中，通过引导学生在组内的探究与合作，认识并理解比较面积大小的方法多样化，进一步深化理解面积概念的意义，发展空间观念。同时，在展现知识形成的真实过程中，培养和提升学生的合作意识和解决问题的能力，夯实数学教育育人途径。

#### 3. 画一画，分享你的发现

画3个不同的图形，使它们的面积都等于7个方格的面积。通过观察，你有什么发现？

【设计意图】师引生探，引发学生的真实学习需求。通过展示画出的不同形状的图形，引导学生体会面积相同的图形，形状可以不同，加深对于面积含义的理解。

### 三、巩固练习，实践应用

(1)说一说图1、图2、图3哪个图形的面积最大，哪个图形的面积最小。

图1　　　　　图2　　　　　图3

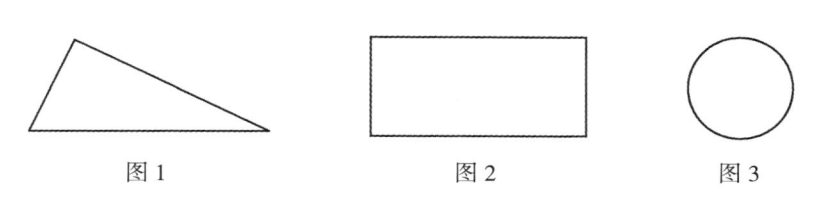

【设计意图】通过观察比较面积的大小，巩固数学知识的形成过程，体会面积的含义。

(2) 图 4 中，用方砖铺满空地（空白处），哪块空地用的方砖最少？

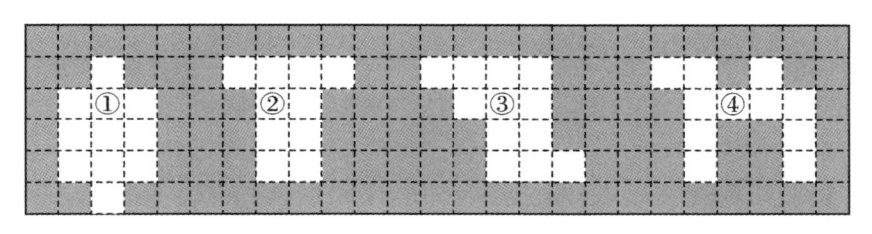

图4

【设计意图】在具体情境中，用数方格的方法比较面积的大小。

四、全课小结

这节课我们学到了什么？

【设计意图】使学生再次巩固所学的知识，达到充分吸收掌握的目的。

**板书设计**

## 什么是面积

物体的表面或封闭图形的大小就是它们的面积。

## "时间表"教学设计

郑州市金水区第二实验小学　刘英杰

**本课主要看点**：寻真探索，在实践操作中明晰时间表的意义。

### 教学内容

北师大版义务教育教科书《数学》三年级上册第七单元之"时间表"。

### 教材分析

"时间表"是在学生已经掌握了 24 时计时法和计算经过时间等知识的基础上进行教学的。学生通过这节课的学习，能解决与时间表有关的实际问题。从北京和新疆作息时间不同的背景之下，研究与两地上课时间表有关的问题，让学生在对比实践的数学活动中，培养综合运用所学知识解决问题的能力。

### 学情分析

在执教本节课之前，我们做了学情前测。对我校三年级六个班的学生进行了随机抽样前测调查。通过调查，我们发现：学生在日常生活中已经掌握了 24 时计时法和计算经过时间等知识，但是学生在用 24 时计时法进行时间描述，计算经过时间方面仍然存在困难。通过调查分析，我们发现：学生容易混淆 12 时计时法和 24 时计时法，对于两组数据量较大的信息处理过程中存在一定的难度。

### 教学目标

1. 结合现实生活情境，了解不同地区的作息时间，会看时间表，能从中获取需要的信息。
2. 能独立制作自己的时间表，掌握制作时间表的基本方法。
3. 在观察、交流、制作时间表的过程中，养成惜时守信的好习惯。

### 教学重点

运用24时计时法和计算经过时间等知识解决有关时间表的实际问题。

### 教学难点

运用24时计时法和计算经过时间等知识解决有关时间表的实际问题。

### 教学过程

**一、欣赏图片，引出课题**

老师为大家带来了一些图片，请大家来一起看一看。

（出示：儿童疫苗接种时间表，健康喝水时间表，火锅涮菜时间表，春运火车票预售时间表，作物时间表……）

说一说，这些图片有哪些共同点——都是时间表。

看来，时间表在我们的生活中有很大的作用。本节课，我们就来一起学习新的数学知识。（板书课题——时间表）

【设计意图】用真实的数学情境引入新课，在生活和数学之间搭建桥梁，在感受数学与现实生活密切联系的过程中感受数学之真。

**二、分析理解，探究新知**

**1. 情境描述，激发探究兴趣**

接下来，让我们一起来认识两位新同学——来自北京启明小学的小兰和新疆民族小学的古丽。

(1) 谁能描述一下两位同学分别在干什么？

(2) 为什么上午8时，北京的小兰已经上课了，而新疆的古丽此时却刚刚起床呢？

【设计意图】深入思考，紧扣启发，引导学生从生活中的客观事实入手，观察体会北京和新疆地理位置的不同，从而有时差的客观事实。在拓展视野的同时引发学生的质疑，思考作息时间表不同的客观原因。

时差会对他们的生活造成影响吗？让我们一起去看一看他们的上课时间表。

**2. 根据时间表，分析数学信息**

这是北京启明小学的上课时间表。

（出示情境图）

(1) 请一组同学以"开火车"的方式读一读小兰的上课时间安排。

(2) 认真观察时间表，除这些信息之外，你还有什么发现？

①同桌两人说一说。

②交流汇报。

（预设：每节课都是40分钟，课间休息10分钟，眼保健操与课间操之间休息10分钟，午休时间有1时25分……）

大家对于时间表中的信息分析得非常细致。让我们再来看一看古丽所在学校的上课时间表。

(3) 对比两个学校的时间表，你有什么发现？

（预设：小兰第一节课的时间是从8时到8时40分，古丽第一节课的时间是从10时到10时40分；新疆民族小学的上课开始时间与结束时间与北京启明小学相比都是相差2小时）

【设计意图】问题设计开放并有延伸，引导学生在观察比较中独立表达自己的真实发现，寻找并探寻时间表中有效的数学信息。

同学们从时间表中发现了这么多的数学信息，真的是非常厉害。小兰和古丽两名同学想要考考大家。

**3. 结合时间表，解决"看到的时刻"问题**

上午第二节课时，小兰和古丽都看了一下钟表，她们看到的可能分别是哪两个时刻？

（出示情境图）

引导学生认真读题。

要解决这个问题，我们需要知道哪些数学信息呢？

（预设：小兰第二节课的时间是从8时50分到9时30分；古丽第二

节课的时间是从 10 时 50 分到 11 时 30 分；三个钟表的时刻分别为 9 时 10 分，8 时 45 分，11 时 20 分）

说一说你是怎么判断的。

（预设：小兰看到的是第一个钟表，因为小兰的第二节课是从 8 时 50 分到 9 时 30 分，第一个钟表的时刻是 9 时 10 分，第二个钟表的时刻是 8 时 45 分，第三个钟表的时刻是 11 时 20 分，只有第一个钟表的时刻在小兰的第二节课的时间范围内，所以小兰看到的是第一个钟表；古丽看到的是第三个钟表，因为古丽的第二节课是从 10 时 50 分到 11 时 30 分，第一个钟表的时刻是 9 时 10 分，第二个钟表的时刻是 8 时 45 分，第三个钟表的时刻是 11 时 20 分，只有第三个钟表的时刻在古丽的第二节课的时间范围内，所以古丽看到的是第三个钟表）

【设计意图】通过问题引领，凸显学生真实思考过程。学生在问题引领中独立阅读数学信息，寻找并分析解决问题所需的数学条件，引导学生在真实思辨中提升解决问题的能力。

大家不仅观察得非常仔细，而且分析得非常有条理。接下来还有一个挑战，大家敢接受吗？请同学们来帮助小兰和古丽补充一下他们的课程表。

**4. 根据题意，完善时间表**

根据小兰和古丽的话，将时间表补充完整。

（出示情境图）

引导学生认真读一读两个人的话语。

根据信息，你认为在补充时间表时有哪些需要特别注意的地方吗？

（预设：小兰和古丽的活动安排不一样；小兰是先上第五节课，然后是时长为一小时的大课间，再上第六节课；而古丽是先上第五节课，然后上第六节课，最后是课外活动）

独立完成时间表。

**5. 作品展示，评价交流**

同学们做得非常好，看来大家已经学会了如何根据具体活动制作时间表。淘气同学听说大家对于时间表的知识掌握得非常好，也想请大家帮帮忙，让我们一起去看一看吧。

### 三、巩固练习，拓展提升

(1) 出示课本第73页"练一练"第1题并独立完成练习题。

(2) 交流汇报。通过练习，我想大家对于时间表的理解会更加深刻。

### 四、课堂总结

时间表在我们的日常生活中应用广泛，不仅能够帮助我们有条理地安排时间，还能帮助我们更好地使用时间。做好时间规划，能够让我们的学习生活更有意义和价值。通过这节课的学习，你的收获是什么？

**板书设计**

时间表

活动：（开始时刻）—（结束时刻）

| 北京启明小学上课时间表 | | 新疆民族小学上课时间表 | |
|---|---|---|---|
| 第五节 | 13:00—13:40 | 第五节 | 15:00—15:40 |
| 大课间 | 13:40—14:40 | 第六节 | 15:50—16:30 |
| 第六节 | 14:40—15:20 | 课外活动 | 16:30—17:30 |

时差
时刻与时间

合理安排时间
惜时守信

## "比例的认识"教学设计

郑州市金水区第二实验小学  刘英杰

**本课主要看点**：寻真探索，在实践操作中明晰比例的意义。

### 教学内容

北师大版义务教育教科书《数学》六年级下册第二单元之"比例的认识"。

### 教材分析

"比例的认识"是北师大版《数学》六年级下册第二单元"比例"中的起始课，是在学生理解了比的意义、比的基本性质、求比值和化简比等基础上进行的概念教学。学生学好这部分知识，不仅可以初步接触函数的思想，而且可以用来解决日常生活中的一些具体问题。教材依据六年级上册学生学过的"比的认识"的情境，通过"怎样的两张图片像，怎样的两张图片不像"的问题探索理解什么是比例，认识比例的各部分名称，了解比例在生活中的应用等。为后续深入学习比例的基本性质、比例尺、正比例、反比例等知识奠定基础。

### 学情分析

学生已经熟练掌握了比的知识，会求比值和化简比。本节课抓住比与比例这一新旧知识的生长点，通过学生的自主学习"再探索"，展现真实的课堂视听学习过程。在自主、合作、交流、质疑、比较、总结中达成学习目标。

### 教学目标

1. 理解比例的意义，认识比例的各部分名称。

2. 根据比例的意义，能通过化简比或求比值等方法正确判断两个比能否组成比例。

3. 经历自主探究、合作学习等活动，培养学生的分析、推理、概括能力和勇于探索的精神。

### 教学重点

理解比例的意义。

### 教学难点

能正确判断两个比能否组成比例。

### 教学过程

**一、直接引入，揭示课题**

同学们，本节课我们一起学习比例的认识，这与我们之前学过的哪些知识有联系呢？结合比的知识，我们共同开启本节课的探索学习之旅。

【设计意图】利用微课情境搭建桥梁，唤醒学生的生活经验以及对于已经学过的淘气照片问题的回忆，为新知识的学习与探索做好铺垫。

**二、新知学习，拓展提升**

1. 自主探究：怎样的两张图片像？怎样的两张图片不像呢？

（1）利用课堂学习单进行自主探究。

教师在巡视过程中进行观察，记录学生可能存在的问题。

（2）交流与展示。

①与同桌交流你的思考与结论。

②让学生上台展示与讲解自己的思路，并要求全班同学进行倾听学习、质疑辨析和总结评价。

学生可能的思路：A 与 B 像，A 与 B 长与长的比是 6∶3，宽与宽的比为 4∶2，这两个比相等，所以 A 与 B 像；A 与 D 像，图片 A 自身长与宽的比为 6∶4，图片 D 自身长与宽的比为 12∶8，这两个比相等，因此 A

与D像。

【设计意图】问题引领，凸显真实思考过程。引导学生在自主探究和交流展示中呈现自己的真实思考过程，通过质疑辨析，引导学生探寻图片像与不像的数学本质：比相等的像，比不相等的不像。

**2．引出比例的概念，认识比例的各部分名称**

（1）揭示比例的概念。

像上面这样，表示两个比相等的式子叫作比例。（板书）

（2）认一认比例的各部分名称。

知道了什么是比例之后，让我们来认一认比例的各部分名称。组成比例的四个数，叫作比例的项，其中间的两个数6和8，叫作比例的内项，两端的两个数12和4叫作比例的外项。12：6=8：4也可以写成 $\dfrac{12}{6} = \dfrac{8}{4}$。

请与同桌相互说一说，我们之前找到的比例中，哪些项是内项？哪些项是外项？

**3．学以致用，检验实践**

淘气照片的问题解决了，机灵狗想要找大家帮帮忙，让我们一起去看一看吧。

出示情境：8寸照片的长宽比是8：6，机灵狗想在电脑上按照以下需求把自己的图片处理一下。

需求如下：

需求1：请调整图片的宽为3，并使图片与原图保持一致。

需求2：请调整图片的长为12，并使图片与原图保持一致。

需求3：请调整图片的长为 $x$，宽为 $y$，并使图片与原图保持一致。

机灵狗想邀请你用计算机操作来帮帮它，在操作的过程中，要将你的思路讲解清楚噢！

（1）邀请学生上台操作计算机，进行图片的拉伸。边操作边讲解。

（2）小结：你能找到并写出比例吗？

【设计意图】创设活动建构途径，激发学生兴趣，借助计算机操作，利用鼠标在EXCEL表格中进行图片的操作。用信息技术辅助学生探寻比例的意义的数学本质，使学生初步感知变化的量的函数思想，在讲解操作过程中体会比例的意义，总结提炼判断两个比是否相等的方法。

### 4．联系生活，感知比例

（1）比例就在我们身边：刘爷爷配制84消毒液。

（2）地图中的比例。

（3）数学阅读：《梦溪笔谈》中的比例。

（4）举例：比例在生活中无处不在……

【设计意图】通过开放性问题的延伸思考，引导学生联系生活实际，寻找身边的比例。体会比例在生活中的应用非常广泛，感受数学学习与应用的魅力。

### 三、数学故事，拓展提升

播放数学故事视频：测量金字塔的高度。想一想：泰勒斯是怎样测出金字塔的高度的呢？

【设计意图】通过数学文化的有机介入，引发学生对于比例应用的兴趣与思考。

### 四、课堂小结

回顾这节课所学的内容，你有哪些收获？

---

**板书设计**

比例的认识

6∶4=3∶2　　6∶3=4∶2

12∶6=8∶4　　12∶8=6∶4

像上面这样，表示两个比相等的式子叫作比例。

12∶6 = 8∶4
　　　内项
　　外项

12∶6=8∶4也可以写成 $\dfrac{12}{6} = \dfrac{8}{4}$。

# 后记

书稿终于完工了，心里很高兴。

回顾书稿的书写，心中仍然很温暖。首先，感谢"中原名师培育工程"开辟专项课题，让我们进行研究和提升，在一次次梳理、写作、提升的过程中，不断超越和蜕变。

专业引领，用心研究。在书稿的创作过程中，我们更注重研究过程中的思考和梳理，我采用一贯的原则：研究的过程就是书稿的完成过程。作为"中原名师培育工程"专项课题，我们在浙江舟山进行了课题的开题，在此次开题专家指导中，浙江师范大学林一钢教授这样鼓励我们：该课题最大的优点就是立足实践的研究。我们也针对专家提出的建议进行了宏观的规划和微观的调整。对我们而言，这样的鼓励和肯定一直激励着我们努力前行。在浙江衢州，我代表课题组进行了课题研究的中期答辩，浙江师范大学杨光伟教授坦言：课题研究扎实有效，应在原有发表成果的基础上，在各级各类核心期刊上发表，提升研究成果的影响力。两位教授的肯定一直激励着我们课题组扎实推进着课题的研究和书稿的完成。

团队成长，智慧前行。我们课题组立足实践，梳理自我的优势，查阅学习了余文森、成尚荣等专家的著作和文章。课题组老师们进行了自我教学主张的凝练和阐释，把自己的主张从理论和实践两个维度进行阐述。我们还进行了教学主张的交流和分享，无论是相聚一堂的研讨和碰撞，还是在微信群交流课题、书稿的撰写情况，我们都是在一步步梳理、提升中思考着、前行着。正是因为有了这样一次次的交流，我们的课题才有了一次次的提升和飞跃。同时，在课题研究的过程中，我深深感受到团队的力量，并在这个温暖的团队中汲取成长的力量，用心研究，智慧前行。

用心成长，永无止境。教学主张的课题研究虽然结束了，但教学主张的凝练和实践才刚刚开始，我们会在今后的教育教学实践中继续努力。感谢课题组全体教师在研究中留下成长的足迹，感谢谢蕾蕾老师在百忙之中为本书作序，感谢穆桂鹤老师、吴艳庆老师在辛苦工作之余校对书稿，感谢大象出版社使成果与更多的教师分享。本书由宋君、穆桂鹤审稿、定稿。由于时间仓促，书中引用的一些理论未能一一标注，在这里一并表示感谢，由于我们水平有限，书中如有不妥之处，敬请大家批评指正。

宋　君